목소리의 힘

HANASHIKATA NI JISIN GA MOTERU KOE NO MIGAKI KATA
Copyright ⓒ2021 Yumiko Muramatsu
All rights reserved.
Original Japanese edition published by KANKI PUBLISHING INC.
Korean translation rights ⓒ2025 by Butterflyrunway
Korean translation rights arranged with KANKI PUBLISHING INC., Tokyo
through EntersKorea Co., Ltd. Seoul, Korea

이 책의 한국어판 저작권은 (주)엔터스코리아를 통해
저작권자와 독점 계약한 나비의 활주로에 있습니다.
저작권법에 의하여 한국 내에서 보호를 받는 저작물이므로
무단전재와 무단복제를 금합니다.

진짜 메시지는 외모가 아니라 목소리에서 나온다

목소리의 힘

무라마츠 유미코 지음 | 고정아 옮김

THE POWER OF A VOICE

나비의 활주로

들어가는 글

목소리가 좋아지면
일도 인생도 술술 풀립니다

"여러분은 자신의 목소리를 좋아하시나요?"

이는 발성과 화법 등 목소리와 관련된 세미나를 진행할 때마다 참석한 수강자들에게 했던 질문입니다. 그러면 참석자의 3분의 2 정도는 "아니요, 싫어요."라고 대답합니다. 물론 이렇게 대답한 분들의 심정을 어느 정도 이해합니다. 저 역시도 예전에는 제 목소리를 좋아하지 않았거든요. 하지만 지금은 매우 좋아합니다.

뭐라고 하는지 되물어야 할 만큼 작은 목소리.
신경질적으로 높고 카랑카랑한 목소리.
목이 잠긴 듯한 쉰 목소리.
웅얼웅얼 기어드는 것 같은 목소리.
너무 커서 위압적인 목소리.

이 책을 펼쳐 든 독자 여러분은 어쩌면 본인 목소리에 대한 콤플렉스가 있거나 앞서 열거한 문제들로 인해 고민하고 계시지 않을까 싶습니다. **그런데 사실 목소리는 나이와 무관하게 획기적으로 바꿀 수 있습니다.** 이는 믿으셔도 됩니다. 그 좋은 예가 바로 여러분 눈앞에 있으니까요.

목소리를 잘 다듬으면 자신감이 생기고, 자신감이 있으면 표현력도 좋아져서 상대방(듣는 사람)의 마음을 움직일 수 있습니다. 더불어 사람의 마음을 움직이는 목소리, 즉 '감동 보이스'는 발성 훈련을 통해 손에 넣을 수 있답니다.

여기서 말하는 감동 보이스란 여러분 각자가 본래 가지고 있는 '진짜 목소리'를 말합니다. 다시 말해 자기 고유의 목소리를 말하죠. 이미 나와 있는 여러 가지 책과 잡지를 비롯한 각종 정보를 통해서도 '화법' 능력 향상을 위한 다양한 방법이 소개되고 있지요. 그중에서도 저는 무엇보다도 '목소리'가 중요하다고 여깁니다.

그렇다면 어째서 목소리가 중요할까요? 그 이유는 자신만의 '고유한 목소리'를 낼 수 있게 되면 성격이 적극적으로 바뀔 뿐만 아니라 주변 사람으로부터 신뢰를 얻게 되고, 게다가 신기할 만큼 일도 인간관계도 술술 풀리기 때문이죠.

이것이 인생의 70퍼센트 정도를 목소리에 관한 연구에 쏟아부으며 누적 4만 명이 넘는 사람들의 '고유한 목소리'를 찾는 데 도움을 주었던 제가 내린 결론입니다.

대량의 정보를 초고속으로 주고받을 수 있는 지금 이 시대에는 가만히 컴퓨터 앞에 앉아 검색만 해도 수많은 지식과 정보를 얼마든지 손에 넣을 수 있습니다.

그렇다 보니 원리원칙만 따져서는 사람의 마음을 움직이기가 어렵지요. 관건은 '현실 속에서 상대방의 심금을 울려 흥미를 유발하고 마음을 사로잡는 것'입니다. 상대방의 마음을 사로잡는 데는 '감동'이라는 요소가 큰 영향을 미칩니다.

목소리는 몸과 마음의 상태를 비추는 거울입니다

'목소리 하나 바꿨다고 인생이 달라져 봐야 얼마나 달라지겠어. 과장이 좀 심한 것 아닌가?'

이렇게 생각하시는 분도 계실 텐데요. 당연히 그럴 수 있습니다. 사실 일부러 의식해서 호감을 얻기 위해 낭랑한 목소리를 내거나, 혹은 위엄 있어 보이는 중후한 목소리를 내거나, 밝은 척 활기찬 목소리를 내는 등 목소리를 꾸며봐야 아무 소용이 없거든요. **목소리는 거짓말을 못 하니까요.** 꾸민 목소리로는 사람의 마음을 얻을 수 없으므로 일이나 인간관계가 크게 바뀔 것도 없지요.

본문에서 좀 더 자세히 설명하겠지만 **목소리에는 그날의 컨디션, 즉 몸과 마음의 상태가 전부 반영됩니다.** 컨디션이 나쁘면 목소리에도 변형이 생기지요. 따라서 거짓을 말하고 있거나 무리하는 상태라면 들통나게 마련입니다.

말로는 아무리 "잘할 수 있습니다.", "괜찮습니다."라고 해도 진심이 아니면 목소리에 고스란히 드러나게 됩니다. 게다가 거짓 섞인 목소리는 듣는 이에게 위화감을 주게 됩니다.

사람은 다른 사람의 거짓말에 민감하게 반응합니다. 그래서 거짓 섞인 목소리를 들으면 저도 모르게 무의식적으로 '저 사람한테 일을 맡겨도 될까?!'라고 여기게 됩니다.

이런 상황이 계속되면 프레젠테이션이나 회의 자리에서 무시당할 수 있으며 면접 자리라면 떨어질 가능성이 있습니다. 또한 연설하는 자리라면 청중이 지루한 표정을 지을지도 모르겠습니다.

준비를 단단히 했음에도 일이 순조롭게 진행되지 않는다면 목소리에 원인이 있을 가능성이 매우 큽니다. 하지만 걱정할 필요는 없습니다.

괜찮습니다. 자신의 진짜 목소리를 낼 수 있게 되면 상황이 재밌으리만큼 돌변하여 모든 게 잘 풀릴 테니까요. 진짜 목소리에는 그만한 힘이 있습니다.

목소리가 바뀌면 일도 인생도 달라집니다

저는 현재 기업 연수 강사, 세미나 강사, 화법 컨설턴트로 활동하며 더 많은 이들이 자기 목소리를 되찾을 수 있도록 돕고 있습니다. 대학 재학 시절부터 TV 리포터를 시작으로 각종 기업행사 사회자, 프리랜서 아나운서, 뉴스캐스터, 해설자, 광고 노래 가수 등 목소리로 표현하는 여러 가지 일을 경험했습니다. 대학 졸업 후 사회생활을 하면서도 대학원에 다니며 '목소리와 심리'의 관계에 관한 연구를 진행하였고, 그 결과를 주제로 한 논문을 일본과 유럽의 건강심리학회에 발표하기도 했습니다.

또한 목소리 등의 신체성을 통해 정신력 향상에 접근하는 신체 심리학을 공부하여 다양한 심리적 문제를 진단하고 상담하는 데 필요한 자격도 취득하였습니다. 이렇듯 그야말로 목소리 마니아, 목소리에 인생 전부를 쏟아부었다고 자부할 수 있습니다.

이런 제가 목소리와 관련된 경험과 전문 지식을 총동원하여 개최하는 세미나에는 목소리로 인한 여러 가지 고민을 가지고 있는 분들이 찾아오십니다.

그렇게 오신 분들을 보면 단 한 명의 예외도 없이 자신의 진짜 목소리를 내지 못하더군요. 하지만 훈련을 통해 자신의 진짜 목소리를 낼 수 있게 되자 여러 가지 일들이 놀라울 정도로 좋아지더라고요.

"지금까지 프레젠테이션을 진행하는 게 서툴렀는데요. 세미나에 참석한 후부터는 업무 협상이 순조로워졌습니다."
"온라인 사이트에 제품 광고 영상을 찍어 올렸는데요. 30분 만에 주문 신청이 들어오더라고요."
"얼마 전 중소기업교류회에 참석해 사람들과 담소를 나눴을 뿐인데 몇몇 분이 일을 의뢰하시더군요."
"한 행사에서 연설한 적이 있었는데 팬이 생겼어요."

거짓말 같겠지만 모두 세미나에 참석하셨던 분들의 실제 얘기입니다. 그렇다면 이 같은 변화가 일어난 이유는 뭘까요? 한마디로 말하면 진짜 목소리를 낼 수 있게 되면서 목소리의 울림에 '거짓'이 없어졌기 때문입니다.

그런데 목소리를 바꾸기만 했을 뿐인데 왜 목소리의 울림에 거짓이 없어질까요? 답은 **몸의 사용법**에 있습니다.

진짜 목소리를 낼 수 있는 자기 몸 사용법을 알면 마음의 긴장이 풀리면서 감정에 솔직해지게 되고, 그로 인해 목소리에 허세나 자위, 자학, 아첨 등과 같은 거짓된 울림이 섞여 들어가지 않게 됩니다. 즉, **목소리를 바꾸면 몸이 바뀌고, 몸이 바뀌면 마음이 바뀌기 때문이죠.**

이러한 현상을 가리켜 신체 심리학에서는 '심신상관心身相關'이라고 합니다. 덧붙여 설명하자면 이는 마음의 움직임이 생명 활동의 움직임과 서로 밀접한 관계에 있다고 보는 이론입니다.

마음에 걱정이 있으면 식욕이 없어지고 놀랍거나 무서운 일을 당하면 가슴이 두근거리고 혈압이 오르는 것 등을 그 예로 들 수 있습니다. 이 책에서는 목소리와 관련하여 신체 심리학의 관점에서도 살펴봅니다.

'진짜 목소리'는 평생의 기술입니다

이 책의 가장 큰 핵심은 '감동 보이스', 즉 자신이 가진 고유한 목소리를 되찾기 위한 몸 사용법입니다.

자세를 바꾸고 호흡법을 바꾸며 근육 사용법을 바꾸는 것이지요. 그렇게만 해도 여러분 자신의 진짜 목소리를 되찾을 수 있습니다.

그러면 첫인상 호감도는 물론이고 설득력도 자연히 좋아질 뿐 아니라 나아가 더욱 신뢰감을 줄 수 있습니다. 동시에 진짜 목소리는 듣는 이의 귓가에 기분 좋게 울려 퍼져 그 마음을 움직이게 할 수도 있을 겁니다. 자기 목소리에 자기가 반해 버릴 정도로 무척이나 매력적인 목소리로 바뀌어 있을 테니까요.

'나는 내 목소리가 마음에 안들어…'라고 생각하는 분은 잠시 상상해 보세요.

태어나서 죽을 때까지 평생 함께할 자신의 목소리. 그 목소리가 생기 넘치고 매력적으로 바뀌어 "내 목소리 제법 괜찮은데!" 하고 스스로 인정하는 모습을, 자신이 말할 때마다 상대방이 귀를 기울이며 웃는 얼굴로 끄덕이는 장면을 말입니다. 그렇게 되면 타인과의 커뮤니케이션이 얼마나 즐거울지, 여러분의 하루하루가 얼마나 충실할지를 상상해 보세요.

그뿐만이 아닙니다. 사실 진짜 목소리를 낼 수 있게 되면 듣는 사람의 반응뿐 아니라 본인 자신도 바뀌게 됩니다. **자기 목소리를 매일 듣고, 자기 목소리의 영향을 가장 많이 받는 것도 바로 본인 자신이니까요.**

이유는 차근차근 설명하겠습니다만, 진짜 목소리를 내기 위한 자세를 취하다 보면 몸과 마음이 편안해짐과 동시에 점점 활성화됩니다. 그러면 피로가 잘 쌓이지 않고 어깨결림 등의 증상도 좋아져서 표정도 밝아집니다. 예를 들어 결혼 매칭 서비스 같은 걸 이용할 때도 인기남 인기녀로 등극할 수 있으며 얼굴이 작아 보이는 효과도 얻을 수 있습니다. 농담 같겠지만, 이는 전부 사실입니다(^^).

자기 자신을 바꾸고 듣는 이의 반응을 바꾸며 인생을 바꾸는 '감동 보이스'. 이 마법 같은 목소리를 손에 넣고 말할 때 상대방의 마음을 움직일 수 있는 효과적인 화법을 구사한다면 그야말로 호랑이가 날개를 단 격이라고 할 수 있습니다. 이 책에서는 그러한 화법에 대해서도 더불어 소개합니다.

  이 책은 총 5장으로 구성되어 있습니다. 제1장에서는 먼저 '목소리가 갖는 영향력'에 관해 설명합니다. 사실 마음을 전해야 할 목소리가 듣는 이에게 신뢰감을 주지 못하는 이유는 무엇인지, 그런데 여러분 자신의 진짜 목소리를 손에 넣게 되면 상대방으로부터 신뢰를 얻게 되는 이유는 무엇인지, 제가 진행하는 강습회에 참석하여 한발 앞서 '진짜 목소리'를 손에 넣은 수강자들은 어떻게 바뀌었는지를 소개합니다. 이를 통해 진짜 목소리가 듣는 이의 심금을 울리는 이유를 이해하신다면 더 바랄 나위가 없겠습니다.

  제2장에서는 진짜 목소리가 갖는 영향력이 자신을 어떻게 바꾸는지에 관해 살펴봅니다. 진짜 목소리는 듣는 이의 마음뿐 아니라 목소리의 주인인 여러분 자신의 마음도 흔들게 됩니다. 진짜 목소리를 낼 수 있게 되면 심신의 건강 상태와 내면이 완전히 달라집니다. 당연히 좋은 쪽으로 그렇습니다.

  여러분 자신에게 과연 어떤 기분 좋은 변화가 생길까요? 진짜 목소리가 여러분에게 가져다줄 이 점을 이번 장을 통해 꼭 확인해 보시길 바랍니다.

제3장은 실천 편으로 감동 보이스의 기본이 되는 발성법을 소개합니다. "한시라도 빨리 좋은 목소리를 낼 수 있었으면 좋겠다."라는 분은 여기서부터 읽으셔도 무방합니다(물론 처음부터 읽는 편이 훨씬 더 이해가 쉽고 수긍이 가겠지만요).

제4장에서는 제3장을 통해 익힌 감동 보이스를 효과적으로 구사하는 방법에 대하여 설명합니다. 여러분 각자의 필요에 따라 선택하여 연습해 보셔도 좋습니다.

마지막으로 제5장에서는 감동 보이스로 마음을 전달하는 기술에 대하여 설명합니다. '말하는 순서'에 주의를 기울이거나 이야기 구성 시의 '관점'에 주의를 기울이기만 해도 놀라울 정도로 상대방에게 잘 전해집니다.

자, 그러면 이제 시작하겠습니다.

무라마츠 유미코

CONTENTS

들어가는 글 목소리가 좋아지면 일도 인생도 술술 풀립니다   4

CHAPTER 1 좋은 화법은 목소리가 90퍼센트를 차지한다

목소리로 이득 보는 사람, 손해 보는 사람	24
내용만 좋아서는 잘 전달되지 않는다	27
좋은 목소리의 열쇠는 '아기'에게 있다	32
목소리에 '위화감' 있는 울림이 생기는 이유	36
신뢰와 팬을 만드는 감동 보이스, 그리고 그 효과	40
사례 1 겨우 5분간의 대화로도 고객의 마음을 열 수 있다!	42
사례 2 프레젠테이션을 진행할 때 그 자리의 분위기를 읽을 수 있게 되었다!	44
사례 3 장시간 말을 해도 목이 쉬거나 목소리가 갈라지는 일이 없어졌다!	46

CHAPTER 2 목소리를 바꾸기만 해도 몸과 마음이 건강해진다

감동 보이스로 몸과 마음에 변화를 불러올 수 있다	54
❶ 남의 이목을 끄는 좋은 목소리가 나오게 된다	56
❷ 전신의 긴장이 해소되어 쉽게 피로해지지 않는다	58
❸ 오랜 시간 말을 해도 목이 쉬지 않는다	59
❹ 정신적인 스트레스가 쌓이지 않는다	61

❺ 남에게 휘둘리지 않는 자기중심적 사고를 할 수 있다	64
❻ 자연스레 자기표현을 할 수 있게 된다	66
❼ 자존감이 높아진다	68
❽ 남들 앞에서 말하는 것 자체가 즐겁고, 일도 인간관계도 술술 풀린다	71

기를 쓰고 노력하지 않아도 괜찮다　　　　　　　　　　　　　　　　73
악기 연주 방법을 익히듯 소리 내는 방법을 익히자　　　　　　　　77

CHAPTER 3 감동 보이스를 손에 넣자 – 기본 발성

감동 보이스의 기본은 바이브레이션이다　　　　　　　　　　　　　82
전신을 흔들기에 바이브레이션이 생기는 것이다　　　　　　　　　　85

스텝 1 근육을 이완시키기　　　　　　　　　　　　　　　　　　88

- 목 돌리기　　　　　　　　　　　　　　　　　　　　　　　　　88
- 숨 크게 쉬기　　　　　　　　　　　　　　　　　　　　　　　89
- 팔 돌리기　　　　　　　　　　　　　　　　　　　　　　　　　96
- 허리 펴기　　　　　　　　　　　　　　　　　　　　　　　　　97
- 팔을 머리 위로 모델 포즈 따라 하기　　　　　　　　　　　　　98
- 웰컴 포즈 취하기　　　　　　　　　　　　　　　　　　　　　99
- 뺨 주변 근육 풀어주기　　　　　　　　　　　　　　　　　　100

스텝 2 자세 가다듬기　　　　　　　　　　　　　　　　　　　102

- 기본 자세　　　　　　　　　　　　　　　　　　　　　　　　102

스텝 3 호흡을 가다듬고 발성하기	105
• 기본 호흡 훈련	105
• 목소리 고민에 따른 발성 훈련	108
❶ 목소리가 작은 탓에 상대방이 자꾸 되묻는 경우는 '호흡'을 개선하자	109
❷ 목소리가 기어드는 사람은 '입가 근육'을 단련하자	111
❸ 목소리가 너무 낮아 잘 전달되지 않는 사람은 '혀의 경직'을 풀어주자	112
❹ 알아듣기 힘들 정도로 말이 빠른 사람은 '간격'을 조절하자	115
❺ 발음이 좋지 못한 사람은 '발성할 때의 입 모양'을 바꿔보자	117
❻ 혀 짧은 소리를 내는 사람은 '혀의 근력'을 키워보자	118

'소리 내어 읽는' 연습을 통해 감동 보이스를 몸에 배게 하자	122

CHAPTER 4 감동 보이스 구사하기 – 응용 발성

아침부터 맑은 목소리를 낼 수 있는 '허밍 운동'	128
기본 허밍 운동	130
응용 1 스페셜 허밍 운동	130
응용 2 오토바이 허밍 운동	131
듣는 이의 마음을 움직이는 발성법	134
제스처를 잘 활용하여 목소리의 표현력을 단번에 키우기	139
긴장을 푸는 요령	143
• 헛기침하기	144
• 내쉬는 숨을 길게 하여 심호흡하기	145
• 손가락 끝과 손바닥으로 천천히 리듬 타기	148

상대방에게 안심감을 주는 목소리는 깊은 호흡을 통해서 나온다	152
'내쉬는 숨'으로 목소리의 인상을 바꿀 수 있다	156
온라인 대화의 핵심	159
미소는 커뮤니케이션의 기본	163

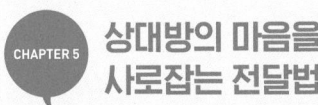

CHAPTER 5 상대방의 마음을 사로잡는 전달법

그 사람의 말은 왜 이렇게 와닿지 않는 것일까?	170
의식의 매개체를 듣는 이에게 향하도록 하자	175
남들 앞에서 말할 때의 다섯 가지 핵심 사항	179
❶ 한 문장을 짧게 해서 말하기	179
❷ 추상적 표현은 구체적으로 바꾸기	180
❸ 전문 용어는 사용하지 않기	181
❹ 불필요한 정보는 담지 않기	182
❺ 말끝을 흐리지 않고 종결어미까지 확실하게 말하기	183
말하는 순서를 의식하기	188
예스를 유도하는 삼각 로직	193
알기 쉬운 비유를 통해 이해를 돕는다	199
상대방의 말이나 행동에 동조하면 친밀감이 높아진다	203
상대방의 의욕을 북돋는 의사소통 방법	207
상대방에게 부정적인 말을 할 때는 샌드위치 화법으로 부드럽게	211
연습 없이는 성과도 없다	215

나가는 글 나이와 상관 없이 목소리는 극적으로 바꿀 수 있습니다   218

"목소리는 자신의 경애이자 거울이다.
목소리는 그 사람의 인품과 교양을 여실히 드러낸다.
목소리는 곧 자기자신이다."

- 이케다 다이사쿠 -

CHAPTER 1

좋은 화법은 목소리가

90퍼센트를 차지한다

목소리로 이득 보는 사람,
손해 보는 사람

세상에는 목소리로 이득을 보는 사람과 손해 보는 사람이 있습니다. 당신은 어떤 쪽인가요? 이 책을 펼쳐 든 여러분이라면 알아채셨겠죠?

그렇다면 예를 들어 사내 프레젠테이션에 관해 얘기해 볼까요?

A 씨의 기획안은 여느 때처럼 "매우 좋군!", "흥미로워."라는 평가와 함께 깔끔하게 통과합니다.

반면에 B 씨의 기획안은 "음, 좀 애매한데.", "뭔가 한방이 없어."라는 평가와 함께 번번이 탈락의 고배를 마십니다.

그런데 프레젠테이션이 끝나고 나서 다시 기획안을 살펴보면 내용에 별 차이가 없는 경우가 꽤 있습니다.

그렇다면 A 씨와 B 씨의 차이점은 도대체 무엇일까요?

벌써 눈치채셨겠지만, 그래도 굳이 말해 보겠습니다.

네, 맞습니다. 바로 '목소리'에서 차이를 보였던 거죠.

그리 대단한 내용도 아닌데 묘하게 설득력이 생기는 이유는 발표자의 목소리가 좋기 때문입니다.

그 사람이 어떤 사람인지 그 사람이 무슨 말을 하는지 **첫인상을 좌우하는 것은 목소리**라는 말입니다. 혹시 주변에 '왜 저 사람만 늘 잘 풀리는 거야?' 하는 생각이 드는 사람이 있나요? 그렇다면 그야말로 목소리 덕을 보고 있는 것이지요.

좋은 첫인상은 목소리가 90퍼센트를 차지한다

> 대단한 내용도 아닌데 묘하게
> 설득력이 생기는 이유는
> 말하는 이의 목소리가 좋기 때문입니다.
> 그 사람이 어떤 사람인지
> 그 사람이 무슨 말을 하는지
> 첫인상을 좌우하는 것은 목소리라는 의미입니다.

내용만 좋아서는
잘 전달되지 않는다

내용이 좋다고 해서 잘 전달되는 것은 아님을 보여주는 법칙이 있습니다. 혹시 《사람은 분위기가 90퍼센트人は見た目が9割》라는 강렬한 제목의 책을 아시는지요? 제목의 '90퍼센트'라는 숫자는 미국의 심리학자인 앨버트 메라비언Albert Mehrabian, 1939년~ 박사의 연구를 정리한 '메라비언의 법칙'에 따른 것입니다.

이 법칙에 따르면 말하는 사람이 듣는 사람에게 주는 인상은 다음 요소로 결정된다고 합니다.

사실 '분위기(외견)가 90퍼센트' 중 약 40퍼센트는 '목소리'가 차지합니다.

그만큼 목소리는 사람의 인상을 크게 좌우하지요.

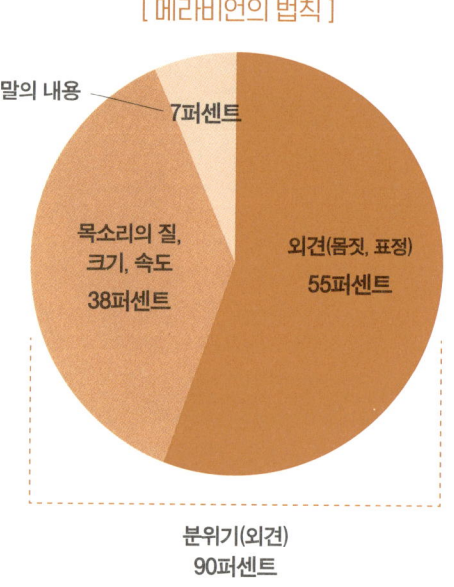

참고로 '말의 내용'이 듣는 사람에게 미치는 인상은 겨우 7퍼센트에 불과합니다.

그도 그럴 것이 최근의 한 보고에 따르면 우리가 사용하는 구어 중 '음성'은 '언어'보다 먼저 뇌의 대뇌변연계에 도달하는 것으로 밝혀졌습니다.

다시 말해 먼저 입력된 목소리의 인상이 나중에 입력되는 언어를 받아들이는 데에 영향을 미친다는 뜻입니다.

대뇌변연계는 식욕, 성욕, 수면욕과 같은 '본능'을 관장합니다. 게다가 뇌에 들어온 정보는 '호/불호', '유쾌/불쾌'와 같은 감정의 꼬리표를 달게 됩니다.

예를 들어 뇌에 들어온 음성에 대해서 대뇌변연계가 '우와! 잘 전달되는 좋은 목소리다'라는 '호, 유쾌'의 꼬리표를 달아주면 듣는 사람의 뇌 안에서는 쾌락을 느끼게 하는 도파민과 같은 신경전달물질이 분비됩니다. 그래서 듣는 사람은 황홀감을 느껴 '이 사람의 말을 듣고 있으면 왠지 설렌다. 그렇다는 건 분명 흥미로운 얘기를 하고 있음이 틀림없다'라고 인식하게 되지요.

반대로 뇌에 들어온 음성에 대해서 '으음~, 듣기 거북하네. 목소리가 별론데…'라는 '불호, 불쾌'의 꼬리표가 붙게 되면 듣는 사람의 뇌 안에서는 분노의 호르몬인 노르아드레날린이 분비됩니다. 그래서 '이 사람의 말을 듣고 있으면 왠지 초조하고 불편하다. 그렇다는 건 재미없는 얘기임이 분명하다'라고 인식합니다.

다시 말해 목소리가 감정이나 내용을 인식하는 듣는 사람의 태도마저 바꿔 버릴 수 있다는 말입니다.

"자, 그럼 회의자료나 발표 자료를 아무리 잘 준비해도 목소리가 나쁘면 내용 전달이 어렵다는 얘기인가요?"라고 의문을 가지는 사람이 있을 것 같군요.

네, 그렇습니다.

조금 충격적인가요?!

> "
> '분위기(외견)가 90퍼센트' 중 약 40퍼센트는
> '목소리'가 차지합니다.
> 그만큼 목소리는 사람의 인상을 크게 좌우하지요.
> '말의 내용'이 청자에게 미치는 인상은 겨우 7퍼센트에 불과합니다.
> 다시 말해 목소리가 감정이나 내용을 인식하는
> 듣는 사람의 태도마저 바꿔 버릴 수 있다는 말입니다.
> "

좋은 목소리의 열쇠는
'아기'에게 있다

듣는 사람이 이야기에 귀를 기울이도록 만들고, 이야기에 흥미를 보이도록 만드는 '전달력 있는 목소리'란 어떤 목소리를 말할까요? 그것은 바로 서두에 말씀드렸던 '감동 보이스', 즉 자신의 **진짜 목소리**입니다.

그렇다면 진짜 목소리란 무엇일까요? 그것은 여러분 **자신의 몸에서 가장 자연스럽고 편안하게 낼 수 있는 목소리**를 말합니다. 전달력 좋은 목소리, 기분 좋게 나오는 목소리를 의미하기도 하죠.

애써 힘주지 않아도 시원하게 터져 나오는 소리라서 웅얼웅얼 기어들거나 카랑카랑 날카로워지거나 툭툭 끊기거나 갈라지는 법이 없습니다.

목에 부담을 주지 않는 소리로 알아듣기도 쉬우므로 듣는 사람이 편안한 기분을 느낄 수 있지요. 즉, 목소리를 내는 자신은 물론이고 목소리를 듣는 상대방에게도 '좋은 목소리'라고 느끼게 할 수 있습니다.

좋은 목소리의 **핵심**은 바로 '**울림**'에 있습니다. 큰 울림이 있는 진짜 목소리는 갓난아기의 상태로 되돌아갔을 때 나옵니다. 발성적 측면에서 말하자면 '아기의 울음소리'가 이상적이라고 하겠네요.

사람은 태어날 때 크게 울려 퍼지는 '응애' 소리와 함께 세상에 나옵니다. 태어나는 순간 아기 본연의 소리는 분명하면서 직접적이지요. 이런 소리는 확실하고 또렷하게 사람의 귀에 닿습니다. 예를 들어 지하철 안에 있는 상황이라면 차량 내부에 온통 울려 퍼질 정도로요.

아기의 울음소리가 유난히 크게 울려 퍼지는 이유는 불필요한 힘이 들어가 있지 않아서입니다. 몸을 제대로 가누지 못하는 갓난아기는 인간의 몸이 가장 편안한 상태로 있을 수 있는 자세, 다시 말해 힘을 쭉 빼고 바로 누운 자세를 취합니다.

이러한 자세는 몸에 부담이 가지 않아 호흡근이나 목 근육이 활성화되므로 목구멍이 벌어져 목 안에 충분한 공간이 생기게 되지요. 그래서 울림이 큰 소리가 나올 수 있습니다.

또한 갓난아기처럼 바로 누운 자세에서는 횡격막에 부담이 가해지지 않습니다. 횡격막은 폐 아래 있는 돔 형태의 근육으로, 폐를 움직이는 기관器官을 말합니다. 인간이 직립 상태일 때는 중력으로 인해 다른 주변 기관이 횡격막을 압박합니다. 그래서 몸을 움직이려면 약간의 힘이 필요하고, 누워 있으면 중력이 경감되어 편하게 깊은 호흡을 할 수 있지요. 다시 말해 **울림 있는 목소리에는 깊은 호흡이 필요하다**는 말입니다.

누워 있는 아기는 무의식적으로 횡격막을 유연하게 사용할 수 있기 때문에 내쉬는 숨이 강해져서 큰 목소리가 나올 수 있습니다.[와다 미요코 저, 요네야마 후미아키 감수 《목소리 잡학사전 声のなんでも小事典》, 코단샤 참고]

아기의 큰 울음소리가 주변 일대에 울려 퍼지는 이유는 이처럼 편안한 상태를 유지하면서 몸 안에서부터 소리를 발산하고 있기 때문이죠. 갓난아기처럼 힘을 전혀 주지 않은 '있는 그대로'의 자기 목소리야말로 그 사람이 가지고 있는 진짜 목소리입니다. 이 말은 **누구나 처음부터 울림 있는 목소리를 가지고 있다**는 뜻이기도 합니다. 모두가 태어날 이미 자신만의 고유한 목소리에서 출발했으니까요. 독자 여러분 역시 마찬가지입니다.

"

아기의 울음소리가 유난히 크게 울려 퍼지는 이유는
불필요한 힘이 들어가 있지 않아서입니다.
누워 있는 아기는 무의식적으로 횡격막을 유연하게
사용할 수 있기 때문에 내쉬는 숨이 강해져서
큰 목소리가 나올 수 있습니다. 다시 말해 울림 있는 목소리에는
깊은 호흡이 필요하다는 말입니다.

"

목소리에 '위화감' 있는
울림이 생기는 이유

"떠들지 마라!", "이상한 소리 하면 안 돼!", "우스워 보이지 않도록…", "되도록 남들과 같게…."

이렇듯 우리는 성장과 더불어 여러 가지 억제를 강요당합니다. 목소리 역시 그 영향을 받게 됩니다. 이른바 사회성을 길러나가게 되죠. 저도 지금은 목소리와 관련된 일을 하고 있지만, 예전에는 앞에 나열한 여러 가지 이유로 인해 진짜 작은 목소리밖에 내지 못하던 사람이었습니다.

더군다나 웅얼웅얼 기어드는 목소리였던 탓에 제가 무슨 말을 하기만 하면 상대방이 "뭐라고?"라며 되묻거나 "뭔 소리인지 알아들을 수가 없네."라는 말을 종종 들어야 했어요.

지금 생각하면 어린 시절의 저는 자식 사랑이 큰 만큼 교육에 엄격했던 부모님의 안색을 살피느라 나 자신의 의견이나 감정을 억누르며 자랐던 것 같습니다.

감정을 억누르며 자신의 존재를 밖으로 드러내지 않는, 다시 말해 목소리를 내지 못하는 사람이었던 거죠. 자신의 감정을 억압하려다 보니 작은 목소리로 웅얼거릴 수밖에 없었던 것 같아요.

이처럼 자기 자신을 지키기 위해 하고 싶은 말을 삼키다 보면, 입을 크게 벌리지 못하고 웅얼거리듯 말해서 목소리가 안으로 기어들어 가게 됩니다. 또한 몸이 긴장하면 목구멍이 수축하는데 오그라든 목구멍에서는 작고 답답한 소리밖에 나오지 않습니다.

이때 억지로 소리를 크게 내려고 하다간 목소리가 갈라지는 등의 변형을 일으키기 쉽습니다. 이렇게 **발성을 억제하다 보면 차츰 목소리의 울림은 사라지고** 사는 동안 자신도 모르는 사이에 자신의 본래 목소리를 잃게 됩니다.

제가 운영하는 세미나에 참여하는 수강자 중에도 처음에는 자기의 고유한 목소리를 내지 못하는 사람이 많았습니다. 웅얼웅얼 기어드는 목소리, 목구멍이 막힌 것 같은 답답한 목소리, 너무 작은 목소리, 목이 잠겨 쉰 목소리로 고민하시는 분들이었지요.

태어날 때부터 가지고 있던 목소리는 사라지고 억제된 목소리로 변화한 상태라고 할 수 있는데, 이처럼 억제된 목소리를 들었을 때 듣는 사람은 '저 사람 좀 무리하는 것 같은데…'라는 생각과 더불어 '거짓 울림'이 느껴져 위화감을 가지게 됩니다.

그렇다 보니 아무리 "할 수 있습니다!", "맡겨 주세요."라고 말해도 '과연 괜찮을까?', '정말 할 수 있을까?!'라는 생각에 듣는 사람은 불안해집니다. 다시 말해 상대를 신뢰하기 어려워지지요.

사람은 누구나 성장함에 따라 감정을 억제해야 하는 상황을 겪고 그로 인해 목소리에 변화가 찾아오게 됩니다. 하지만 다음에 열거한 경우는 특히 더 억압이 심했다고 할 수 있습니다.

· 자꾸 되묻게 되는 작은 목소리
· 웅얼웅얼 기어드는 목소리
· 장시간 말하면 갈라지는 목소리
· 발음이 어눌하거나 혀 짧은 소리
· 말이 빠른 경우

여러분은 어떠신가요?

> 자기 자신을 지키기 위해 하고 싶은 말을 삼키다 보면
> 입을 크게 벌리지 못하고 웅얼거리듯 말해서
> 목소리가 안으로 기어들게 됩니다.
> 또한 몸이 긴장하면 목구멍이 수축하는데
> 오그라 든 목구멍에서는 작고 답답한 소리밖에 나오지 않습니다.
> 이때 억지로 소리를 크게 내려고 하다간
> 목소리가 갈라지는 등의 변형을 일으키기 쉽습니다.
> 이렇게 발성을 억제하다 보면 차츰 목소리의 울림은 사라지고
> 사는 동안 자신도 모르는 사이에
> 자신의 본래 목소리를 잃게 됩니다.

신뢰와 팬을 만드는
'감동 보이스' 그리고 그 효과

여기서 다시 앞서 예를 들었던 갓난아기의 얘기로 되돌아가 볼까요? 아기는 몸도 마음도 여리고 약합니다. 자신에 대해서 좋고 나쁘고를 판단하지 않으며 무방비 상태로 존재하지요. 뭔지 모를 두려움으로 인한 긴장으로 몸에 힘을 잔뜩 주고 자기 자신을 지키려 하는 그런 의식도 없기에 살도 근육도 부드럽습니다. 몸 근육도 마음 근육도 없다 보니 오히려 울림 있는 본연의 목소리를 낼 수 있게 되는 것이죠.

이처럼 큰 무리 없이 자연스럽게 나오는 풍성한 목소리에는 거짓된 울림이 없습니다. 몸에 불필요한 힘이 들어가 있으면 목소리에 변형이 생기는데 그것이 없는 것입니다.

목소리의 변형은 몸이나 마음이 힘들다는 증거입니다. 한편으로 변형되지 않은 '있는 그대로'의 목소리는 위화감이나 경계심을 불러일으키지 않습니다.

그런 목소리에 감정을 실으면 감정까지 고스란히 전달되고, 그 감정이 듣는 이의 마음에 울림을 주어 감동을 일으킵니다. 그 감동이 신뢰로 이어지고 신뢰가 팬을 만들지요.

이렇게 듣는 사람의 마음을 움직여 감동을 부르는 '진짜 목소리'를 가리켜 저는 '감동 보이스'라고 이름 붙였습니다. 제가 진행하는 강습에서는 이 감동 보이스를 찾아내는 방법에 대해서 교육하고 있습니다.

감동 보이스의 효과

신기하게도 감동 보이스를 낼 수 있게 되면 평범하게 말해도 주변에 사람이 모여듭니다. 울림이 있어 잘 전달되는 듣기 좋은 목소리는 많은 사람 속에서도 자연히 이목을 끌기 마련이지요.

예를 들어, 거리를 걷는 와중에 갑자기 어디선가 아름다운 바이올린 선율이 들리면 '어디서 나는 소리지? 누가 연주라도 하나!' 싶어 무심코 소리가 나는 장소를 찾게 되잖아요. 그와 마찬가지입니다.

저의 경우에도 교류회 같은 각종 모임에 나가 참석하신 분들과 이런저런 얘기 몇 마디 나눴을 뿐인데 "시간 되실 때 좀 더 얘기를 나누고 싶습니다!"라며 다가오시는 분들이 많습니다.

또한 인터넷에 자기소개 동영상을 올리기라도 하면 불과 몇 분 사이에 세미나 참석을 희망하는 문의가 쇄도합니다.

아마도 감동 보이스가 가진 울림이 한순간에 듣는 사람의 이목을 집중시켜 마음을 흔들었겠죠. 이처럼 설득력 있는 목소리라 할 수 있는 '감동 보이스'는 듣는 사람에게 신뢰감을 줄 수 있습니다.

이러한 모객은 SNS나 블로그에 소개 글을 올려 고객을 모집하는 것과는 차원이 다릅니다. 왜냐하면 텍스트는 '읽어야겠다'고 의식해서 읽지 않으면 머릿속에 정보가 들어오지 않거든요. 하지만 소리로 이루어진 음성 정보는 '들어야겠다'고 의식하지 않아도 자연히 귀에 들어옵니다. 그래서 순식간에 사람들의 이목을 끌고 마음을 사로잡는 것이죠. 그야말로 목소리가 가진 힘입니다.

그러면 이제 독자 여러분보다 한발 앞서 감동 보이스를 손에 넣고 삶이 달라졌다는 분들의 사례를 소개해 보기로 하겠습니다.

사례1 겨우 5분간의 대화로도 고객의 마음을 열 수 있다!

콜센터에서 근무하는 Y 씨(40대 여성)는 어려서부터 작고 웅얼거리는 목소리 때문에 고민이 많았습니다.

업무상 통화할 때면 항상 상대방이 잘 알아들을 수 있도록 목소리를 크게 하려다 보니 매일 목이 아프고, 무리한 발성 습관으로 인해 몸에 부담이 갔는지 피로가 누적되면서 만성피로에 시달렸지요.

그런 Y 씨가 제가 운영하는 세미나에 참석하였습니다. 세미나에서는 울림 있는 목소리를 낼 수 있게 하기 위한 기본적인 '호흡법'을 소개하고, 깊은 호흡이 가능하도록 지도하고 있습니다.

세미나 참석 이후 Y 씨는 말할 때의 호흡이 깊어지면서 발성이 매우 편해졌으며, 더불어 목에 무리가 가지 않게 되어 업무 중에는 물론이고 귀가 후에도 피로감이 놀라울 정도로 줄었다고 합니다.

세미나를 수강한 지 얼마 지나지 않아 Y 씨가 근무하는 콜센터에서 연간 1회 실시하는 모니터링(통화 응대 상황을 확인하여 점수를 매기는 테스트)이 있었는데, 결과는 본인도 충분히 만족할 만큼 좋았습니다.

채점 담당자가 Y 씨에게 "Y 씨가 담당한 고객님의 경우 처음에는 딱딱한 말투를 쓰시다가 끝에 가서는 굉장히 친근하게 말씀하시더군요. 겨우 5분간의 대화로 고객의 마음을 열었으니 칭찬받을 만합니다. 덕분에 회사 이미지가 아주 좋아졌을 것 같네요."라고 말했다네요.

지금까지 살면서 받은 가장 큰 칭찬이었다는 Y 씨. 요즘에는 전화로 다짜고짜 화부터 내는 고객이 몇 마디 나누는 사이에 화를 풀고 차분히 얘기하는 사례가 늘었다고 하는데, 이는 분명 Y 씨의 발성이 편

좋은 화법은 목소리가 90퍼센트를 차지한다

안해지면서 타고난 상냥함이 목소리에 묻어나서가 아닐까 싶습니다.

아울러 Y 씨에게는 개인적으로도 좋은 일이 있었습니다.

예전에는 목소리가 작은 탓인지 카페나 레스토랑에서 뭔가를 주문하면 항상 점원이 되묻곤 했다네요. 이처럼 '자신이 하고 싶은 말이 잘 전달되지 않는다'는 스트레스가 있다 보니 Y 씨는 주문할 때면 늘 말하기를 꺼리며 손가락으로 메뉴를 가리켰다고 합니다.

말로 소통하는 것 자체가 고통이었던 Y 씨가 세미나에 참석하여 강의도 듣고 지도를 받으면서부터는 애써 목소리를 크게 하지 않아도 울림이 있어 잘 전달되는 목소리를 낼 수 있게 되었고, 손님이 붐비는 가게에 가서도 막힘없이 주문할 수 있게 되어 대화하는 것이 즐거워졌다고 해요.

"목소리가 나오게 되었을 뿐인데 이렇게나 달라질 수 있다니! 엄청 기쁘기도 하고 놀랍기도 하고 그렇습니다."라고 말하는 Y 씨의 표정이 밝고 활기차더군요.

사례 2. 프레젠테이션을 진행할 때 그 자리의 분위기를 읽을 수 있게 되었다!

"아, 빨리 끝났으면 좋겠다."

기술 영업을 담당하는 엔지니어 K 씨(40대 남성)는 프레젠테이션을 진행할 때마다 항상 이런 생각을 합니다.

그는 종종 자사 제품의 홍보를 위한 프레젠테이션을 진행해야 했습니다. 하지만 본인이 본인 목소리를 싫어해서인지 남들 앞에 나서서 말하는 게 부담스러웠고, 또한 자신의 얘기가 그리 대단치 않은 내용이라고 여기는 일이 많다 보니 말하면서도 자신감이 떨어져서 '그저 빨리 끝났으면 좋겠다'는 생각뿐이었다더군요.

그러던 그는 제가 진행하는 세미나에 참석하여 강의를 들었습니다. 그리고 강의를 통해 배운 발성법을 토대로 날마다 발성 훈련을 하였더니 안 나오던 목소리가 자연스레 나오기 시작했지요.

그제야 비로소 '여태 자신이 생각했던 것보다 더 목소리가 안 나왔었구나'를 깨닫게 되었다고 하더군요. 차츰 목소리가 나오게 되면서부터는 말하는 것에 대한 저항감이 사라지고, 세미나 강의 시간에 남들 앞에서 목소리를 내는 것에 대한 부담감도 줄었다고 합니다.

게다가 목소리가 제대로 나오면서부터 사람들이 자기 말에 자연스레 귀를 기울이는 모습을 보며 점점 자신감을 가질 수 있게 되었다고 해요.

얼마 후 K 씨는 50여 명의 고객 앞에서 제품 홍보 프레젠테이션을 진행하게 됩니다. 세미나에서 배운 내용을 토대로 감동 보이스로 도전한 결과 고객으로부터 "제품을 써보고 싶어졌어요.", "열정이 느껴지더군요."와 같은 기분 좋은 감상평을 들었다네요.

더불어 상사로부터 "사용자가 써보고 싶다고 느낄만한 프레젠테이션이었네.", "다른 고객들을 모셔서 다시 프레젠테이션을 진행했으면 싶은데."라는 칭찬을 듣는 등 생각지도 못한 성과를 얻어 본인 역시 매우 놀랐다고 하더군요.

저는 세미나에 참석하여 제 강의를 듣는 분들에게 항상 "목소리로 그 자리의 분위기를 살리세요."라고 강조하곤 합니다. 이후 K 씨는 평소의 업무 미팅 자리에서도 '분위기 파악'이라는 관점에서 자신이 말하는 모습이나 화법을 관찰하게 되었고, 그렇게 하다 보니 어느 사이엔가 자신에게 다른 사람을 끌어당기는 힘이 생겼음을 느낀답니다.

지금은 남들 앞에서 발표하거나 말하는 것에 대한 스트레스가 전혀 없어 그토록 싫었던 프레젠테이션도 즐길 수 있게 된 것 같았습니다.

사례 3 장시간 말을 해도 목이 쉬거나 목소리가 갈라지는 일이 없어졌다!

H 씨(50대 여성)는 남들 앞에서 말해야 하는 강사라는 직업을 가지고 있습니다. 인상도 좋고 인품도 훌륭하며 매사에 온 힘을 다하는 강사로서 본보기가 될 만한 멋진 분이지요.

그런데 H 씨에게는 한 가지 큰 고민이 있었습니다. 그것은 다름 아니라 장시간 말하다 보면 목이 잠겨 소리가 잘 나오지 않는다는 것이었죠. 자기 일을 너무 사랑하고, 잘하고 싶은데 강사라는 직업에는 생명줄이나 다름없는 목소리가 잘 나오지 않는다니 당연히 고민일 수밖에요.

간신히 쥐어 짜내는 듯한 목소리는 듣고 있기가 힘들거든요. 어쩌면 H 씨는 자신의 강의를 듣는 사람들이 힘들 거라는 생각에 더 괴로웠을 겁니다. 그렇다 보니 어쩔 수 없이 시간이 긴 강의는 피하는 일이 많아졌습니다.

또한 H 씨의 이런 사정을 아는 동료 강사들이 종종 대타 강의를 해주곤 했는데, 그게 고맙기도 하면서 한편으로는 미안하기도 했습니다. 이런 상황에 빠진 '자신이 한심스럽다'는 생각과 더불어 강사로서 앞으로도 일을 계속할 수 있을지 고민이 더 컸던 모양입니다.

그러다 마침내 H 씨는 '목소리를 바꿔보겠다'고 결심하고 세미나에 참석하게 됩니다. 그렇게 세미나를 찾아주신 H 씨, 겉으로는 밝은 모습이었으나 정말로 오래 말을 해도 목이 잠기지 않고 소리가 제대로 나올지 하는 불안한 마음에 속으로 참 많이도 걱정했다고 해요.

사실 그럴 만도 합니다. 그동안 목소리 때문에 오래도록 고민해 왔을 테니까요. 당장에 해결할 수 있는 문제였다면 이렇게나 마음고생이 심하진 않았을 텐데 싶은 마음이 들어 안타깝더군요.

그런데, 세미나에 참석하여 수강하기 시작하면서부터 H 씨는 차츰 오래 말해도 목이 쉬지 않게 되었습니다. 호흡이 풍부해지고 목청이 트이면서 목소리의 질이 좋아졌지요.

저는 H 씨의 목소리가 변화하는 모습을 영상으로 담았습니다. 사람은 타인의 목소리나 말투의 변화는 바로 알아차리는데, 자기 자신의 변화에는 둔감한 편이라서요.

게다가 H 씨는 책임감이 강하고 자기 자신에게 엄격한 타입이었는데, 이처럼 자신에게 엄격한 사람은 본인이 좋은 방향으로 바뀌어도 '아직 한참 멀었다'는 생각이 앞서서 긍정적인 변화를 감지하지 못하는 경향이 있습니다.

그러므로 주관적인 느낌이 아닌 자신의 모습을 찍은 영상을 통해 자신을 객관적으로 바라보는 것이 중요합니다.

"어머나! 확실히 달라진 것 같긴 하네요."

영상을 본 H 씨는 자신의 변화를 인식하게 되었고, 변화해 가는 자신의 목소리와 말투를 볼 때마다 '할 수 있다'는 자신감을 가지게 되었다고 합니다. 자신감이 없는 사람은 본능적으로 자기 자신을 지키는 일에 목숨을 걸게 되지요.

'형편없는 자신을 드러냈다간 좋지 않은 평가에 상처만 받게 될 거야라는 무의식이 근육을 딱딱하게 긴장시켜 마치 갑옷을 입은 것처럼 갑갑하게 목까지 조이면서 소리를 가둬버리거든요.

굳은 성대를 통해 무리하게 소리를 내려고 하다 보면 목이 상하게 마련이죠. '할 수 있다'는 자신감이 H 씨의 단단한 갑옷 같던 근육을 보드라운 옷과도 같은 근육으로 바꿔 주었습니다.

목소리가 매끄럽게 나오기 시작하면서 자신감을 얻은 H 씨는 그동안 거절했던 강의 제의를 수락하고 예전 보다 더 열정적으로 일하게 되었다고 합니다.

여기까지 읽고 여러분은 어떤 생각이 드시나요?

기껏해야 목소리를 바꿨을 뿐인데, 이처럼 감동 보이스를 가지게 된 분들에게는 실제로 극적인 변화가 있었습니다. 목소리를 바꿨을 뿐인데 듣는 이들로부터 확실한 신뢰를 얻게 되었죠.

이뿐만이 아닙니다. 성격도 많이 바뀌어 새로운 인생이 펼쳐지게 되었거든요. 이러한 변화가 생길 수 있음을 이제는 여러분도 아셨을 것으로 생각합니다.

이처럼 '감동 보이스'는 듣는 이에게 커다란 영향을 미칠 뿐 아니라 그 목소리의 주인인 여러분 자신에게도 커다란 영향을 미친다고 할 수 있습니다.

그렇다면 이제부터 감동 보이스를 손에 넣을 여러분에게는 앞으로 어떤 변화가 찾아올까요? 다음 장에서 자세히 살펴보겠습니다.

> 자기 자신을 지키기 위해 하고 싶은 말을 삼키다 보면,
> 입을 크게 벌리지 못하고 웅얼거리듯 말해서
> 목소리가 안으로 기어들게 됩니다. 또한 몸이 긴장하면
> 목구멍이 수축하는데, 오그라든 목구멍에서는
> 작고 답답한 소리밖에 나오지 않습니다.
> 이때 억지로 소리를 크게 내려고 하다간 목소리가 갈라지는 등의
> 변형을 일으키기 쉽습니다. 이렇게 발성을 억제하다 보면
> 차츰 목소리의 울림은 사라지고 사는 동안
> 자신도 모르는 사이에 자신의 본래 목소리를 잃게 됩니다.

CHAPTER 2

목소리를 바꾸기만 해도

몸과 마음이 건강해진다

감동 보이스로 몸과 마음에 변화를 불러올 수 있다

여러분 자신의 진짜 목소리, 즉 감동 보이스를 손에 넣으면 듣는 이의 반응이 달라지는 것은 물론이고 본인 자신에게도 큰 변화가 찾아옵니다. 마치 목소리로 스위치가 켜지기라도 한 것처럼 여러분 주변의 모든 것이 변화하기 시작하죠.

감동 보이스를 찾기 위한 구체적인 훈련법은 다음 장에서 소개하기로 하고, 실천에 앞서 어떠한 변화가 일어나는지를 살펴보겠습니다. 목소리 자체의 변화와 효과는 훈련법을 토대로 한 실천을 통해 바로 실감할 수 있습니다. 하지만 지금부터 소개할 여러 가지 변화는 감동 보이스를 습관화했을 때 비로소 얻을 수 있는 것으로서, 무엇보다 먼저 '목소리를 개선하면 나에게도 이런 굉장한 변화가 생기겠구나!' 하고 이해하는 것이 매우 중요하거든요.

여러분 각자에게 일어날 변화가 상상되시나요? 머릿속에 그려진다면 다 된 것이나 다름없습니다. 굳이 무리하지 않아도 평소 자연스레 발성을 의식하게 될 테니까요. 그럼 이제 제가 운영하는 세미나에 참석하여 수강하신 분들에게 일어난 변화를 소개해 보겠습니다.

❶ 목소리가 좋지 않다. ⇒ **남의 이목을 끄는 좋은 목소리가 나오게 된다.**

❷ 항상 온몸이 굳어 있다. ⇒ **전신의 긴장이 해소되어 쉽게 피로해지지 않는다.**

❸ 장시간 말하면 목이 쉰다. ⇒ **오랜 시간 말해도 목이 쉬지 않는다.**

❹ 정신적 스트레스가 쌓여 있다. ⇒ **정신적인 스트레스가 쌓이지 않는다.**

❺ 주위에 휩쓸리기 쉽다. ⇒ **남에게 휘둘리지 않는 자기중심적 사고를 할 수 있다.**

❻ 자기표현이 서툴다. ⇒ **자연스레 자기표현을 할 수 있게 된다.**

❼ 자존감이 낮다. ⇒ **자존감이 높아진다.**

❽ 커뮤니케이션이 서툴다. ⇒ **남들 앞에서 말하는 게 즐겁고 일도 인간관계도 술술 풀린다.**

목소리를 바꿨을 뿐인데 이렇게 많은 변화가 일어납니다. 더군다나 심신에 부담을 주지 않는 매우 자연스러운 변화입니다. 그렇다면 왜 이러한 변화가 일어나는지 차근차근 살펴보겠습니다.

① 남의 이목을 끄는 좋은 목소리가 나오게 된다

제1장에서도 말했듯이 자신의 고유한 목소리를 낼 수 있게 되면 북적거리는 인파 속에 섞여 있어도 사람들의 이목을 끌 수 있습니다. 왜냐하면 감동 보이스의 깊은 울림이 사람들의 귀에 가닿아 강력한 호소력을 갖게 되기 때문이죠.

여기서 잠깐 '목소리(소리)'란 무엇인가에 대해서 설명하고 넘어가기로 하겠습니다. 평소 우리가 듣고 있는 소리는 공기를 타고 전달된 소리 발생원의 진동을 귀가 잡아내는 것입니다. 다시 말해 **소리는 진동, 공기의 바이브레이션**을 말합니다.

예를 들어 아기의 커다란 울음소리는 멀리 떨어진 장소에서도 매우 잘 들리는데, 그 이유는 아기가 내는 소리의 바이브레이션이 공기를 흔들고, 그 흔들림 자체가 공기를 타고 우리가 있는 곳까지 전달되기 때문이죠. 소리가 들린다는 것은 사실 바이브레이션을 느끼고 있다는 뜻입니다.

참고로 소리의 바이브레이션을 우리가 느끼기 위해서는 음원과 귀를 연결해 주는 물질이 필요한데, 이를 가리켜 '매질媒質'이라고 부릅니다.

매질에는 여러 가지가 있습니다. 공기(기체) 이외에도 물(액체), 금속(고체) 등이 매질에 해당합니다.[스즈모토 마츠미 저 《그 사람 목소리

는 왜 매력적일까?(원제: あの人の声はなぜ魅力的なのか)》, 기술평론사)

사실 우리 몸의 대부분은 소리의 영향을 받기 쉬운 매질로 이루어져 있습니다. 인체의 50~75퍼센트는 액체로 이루어져 있으며 뼈는 고체잖아요. 그래서 소리의 진동은 귀를 막아도 몸의 수분이나 뼈를 통해 온몸에 울려 퍼집니다.

요컨대 목소리는 듣는 이의 청각을 자극하는 것은 물론이고 전신을 부르르 떨게 만들죠. 거듭 말하자면 목소리로 듣는 이의 몸을 똑똑 두드리고 있는 것이나 마찬가지입니다. **게다가 울림이 좋은 소리의 진동일수록 매질을 통해 멀리멀리 퍼져나갑니다.**

앞장에서도 말했다시피 좋은 목소리(진짜 목소리), 즉 감동 보이스의 핵심은 깊은 호흡에서 나오는 '울림'입니다. 그러므로 자신의 진짜 목소리를 낼 수 있게 되면 어떤 장소에서건 사람들의 이목을 끌게 됩니다.

발표하거나 연설할 때 첫마디로 사람들의 관심을 집중시키는 것은 대단한 재주입니다. 순식간에 그 자리의 분위기를 장악할 수 있거든요. 더는 '존재감 없는 밋밋한 목소리'라는 이유로 여러분의 의견이나 존재가 무시당하는 일도 없습니다.

② 전신의 긴장이 해소되어 쉽게 피로해지지 않는다

목소리는 듣는 상대방은 물론이고 말하는 자신의 청각과 몸에도 자극을 줍니다. 목소리의 바이브레이션은 몸속 내장 기관까지 미세하게 진동시키는데, 그러한 마사지 효과를 통해 전신을 활성화하지요.

사실 목소리가 작은 사람이나 장시간 말하면 목이 잠기거나 아픈 사람은 얼굴과 몸의 근육이 긴장 상태인 경우가 압도적으로 많습니다.

독자 여러분 중에도 '자신의 온몸이 굳어버린 것 같다'고 종종 느끼시는 분들이 계실 텐데요. 제가 운영하는 세미나 강습에서는 먼저 딱딱하게 굳은 몸을 풀어 발성에 쓰이는 근육을 편안하게 이완시키는 방법을 소개하고 있습니다. 깊은 호흡이 가능한 자세와 발성에 대해서 지도하고 연습시키고 있지요.

강습을 진행하다 보면 신기하게도 30분 정도 지나면서부터 수강자들의 눈가가 촉촉해지다가 이내 "하~암~" 하고 하품하는 사람들이 생기기 시작합니다. 그 이유는 운동으로 몸을 풀고, 울림 있는 목소리가 일으키는 진동의 마사지 효과로 인해 심신이 안정되어 자율신경의 균형이 바로잡히기 때문입니다. 강습이 끝날 때쯤이면 모든 수강자의 얼굴이 긴장이 풀렸는지 뭐라 말할 수 없을 만큼 부드럽고 이완된 얼굴로 바뀌어 있습니다.

더불어 호흡이 여유롭고 깊어지면서 산소가 잔뜩 충전된 건강한 몸이 됩니다. 게다가 어깨 결림이나 목의 통증 등이 해소되었다거나 어깨 결림으로 인한 두통이 개선되었다거나, 비염이 완화되었다는 분들도 있습니다.

이처럼 감동 보이스를 낼 수 있도록 몸 상태를 갖추고 나아가 목소리의 마사지 효과를 통해 인체의 활성화를 도모한다면 평소 주변 사람과 잡담을 나누는 것만으로도 몸의 긴장이 풀려 편안한 상태가 유지됩니다. 그러다 보면 자연스럽게 몸과 마음이 모두 건강해집니다.

③ 오랜 시간 말을 해도 목이 쉬지 않는다

감동 보이스가 나오게 되면서 편안해진 몸에서는 지금까지보다 훨씬 더 편안하게 목소리가 나옵니다. 애초에 목소리가 잘 안 나오거나 성량이 부족한 사람은 스트레스에서 오는 긴장감으로 인해 몸과 마음이 굳어 있는 경우가 많고, 그런 탓에 성대의 근육도 경직되어 있습니다. 굳어버려서 공기가 지나는 길이 좁아진 성대에서는 가느다란 소리밖에 안 나오지요. 이런 상태에서 무리하게 큰 소리를 내거나 장시간 말을 하다간 바로 목이 상하게 됩니다.

참고로 성량이 부족하거나 장시간 말하면 목이 아프고 소리가 갈라지는 등의 증상은 강사, 사회자, 아나운서, 해설자, 배우, 가수, 보이스 트레이너와 같이 목소리를 많이 쓰는 직업을 가지고 있는 사람에게서 흔히 볼 수 있습니다.

사실 제가 진행하는 강습을 받으러 오시는 분들 가운데는 목소리를 많이 쓰는 직업을 가진 분들이 꽤 있습니다만, 대부분 보이스 트레이닝을 받아본 경험이 있더라고요. 그런데 기본적인 발성법을 건너뛰고 소리를 크게 내는 연습만 해서인지 자칫 성대가 다치기 쉬운 발성을 하시는 분이 적지 않더군요.

또한 목소리를 많이 쓰는 직업군의 전문가들은 시간제한이라든지 연출자 혹은 지시자의 의도나 의향에 따라야 하는 등의 여러 가지 제약과 더불어 일을 합니다.

그렇다 보니 '남에게 인정을 받아야 한다'라거나 '무조건 열심히 해야 한다'라는 무의식적인 강박이 있을 수 있습니다. 그런데 그렇게 자신을 압박하게 되면 상반신에 힘이 들어가 목을 조인 상태에서 소리를 내게 됩니다. 그 결과 목이 상하고 소리가 갈라지게 되지요. 이렇듯 목소리라는 것은 애써 내려고 하면 할수록 오히려 잘 나오지 않는 법입니다.

원래 '큰 목소리'와 '울림 있는 목소리'는 별개입니다. 소리가 작아도 깊은 호흡이 만들어내는 '울림'이 있다면 그 목소리는 공기의 진동을 통해 상대방에게 잘 전달됩니다. **목소리를 상대방에게 확실히 전달하고 싶다면 소리를 크게 내기보다 울림을 줘야겠지요.**

감동 보이스를 습득하면 울림 있는 목소리를 내기 쉬울 뿐 아니라 몸의 긴장이 풀린 상태이다 보니 성대 근육이 딱딱하게 굳는 일도 없습니다. 덕분에 오래 말해도 목이 아프거나 목소리가 갈라지지 않습니다. 이미 많은 분이 목소리 훈련 강습을 통해 애쓰지 않아도 목소리가 쉽게 나올 수 있음을 실감하고 계십니다.

④ 정신적인 스트레스가 쌓이지 않는다

늘 감동 보이스가 나오는 상태가 되도록 하려면 경직되지 않은 편안한 상태의 근육과 깊고 충분한 호흡이 가능한 자세를 습관화하는 것이 좋습니다. 사실 이 자세는 몸에 부담을 주지 않고 전신이 쉽게 피로해지지 않는 자세이기도 합니다. 이러한 자세를 취할 수 있게 되면 마음에도 피로가 잘 쌓이지 않게 되지요. 왜냐하면 **몸과 마음은 서로 이어져 있거든요.** 이것은 신체 심리학에 근거한 '심신상관'이라는 이론에 근거한 개념으로, 신체 심리학은 '몸의 움직임이 마음의 움직임을 만든다'라는 관점에 따른 심리학의 일종입니다.

예를 들어 우울하고 슬픈 상황에서 방긋 웃듯이 입꼬리를 올리면 기분이 조금은 풀리기도 하는데요. 이는 누구나 한 번쯤 해봤을 법한 경험이지 않을까 싶네요.

또한 풀이 죽어 잔뜩 움츠렸던 어깨를 활짝 펴고 만세 자세로 양팔을 번쩍 위로 올려 보면 왠지 기분이 산뜻해지는 느낌이 들기도 하죠. 이처럼 몸의 움직임은 마음에 커다란 영향을 미칩니다. 그러므로 감동 보이스를 습득하기 위해서는 평소 꾸준히 편안한 마음 상태와 피로가 쌓이지 않는 자세를 유지해야 하고, 그러다 보면 마음의 스트레스가 쌓이지 않게 됩니다.

위와 같은 상황을 실제로 증명한 연구가 있습니다.

저는 TV 리포터와 아나운서 등 목소리를 많이 쓰는 일을 하면서부터 점점 목소리의 매력에 빠져들어 마흔 넘은 나이에 대학원에 진학해 목소리 관련 연구를 시작했습니다. 15~22명의 학생을 대상으로 감동 보이스를 내기 위한 훈련을 매회 90분간 5회에 걸쳐 실시하고 훈련 이후의 기분에 대해서 조사를 진행했는데요.

그 결과 활성도, 안정감, 쾌적성, 각성도, 상쾌감과 같은 긍정적 요소는 모두 향상되는데에 비해, 긴장감, 억울, 불안감, 피로와 같은 부정적 요소는 다 저하되더군요.

즉, 감동 보이스를 낼 수 있게 되면 마음의 긍정적 요소가 향상되고 부정적 요소가 저하된다는 사실을 알 수 있었습니다.

"목소리를 바꾸면 마음이 달라진다."

이것이 목소리에 관한 세계 최초의 연구 주제로서 제가 도출한 결과입니다. 이 연구는 유럽과 일본의 건강심리학회에서도 발표되었습니다. 제가 독자 여러분께 소개하는 감동 보이스를 찾는 방법은 이러한 학술적 근거에 따른 방법입니다.

[감동 보이스를 낼 수 있게 되면
마음의 긍정적 요소가 향상되고 부정적 요소가 저하된다]

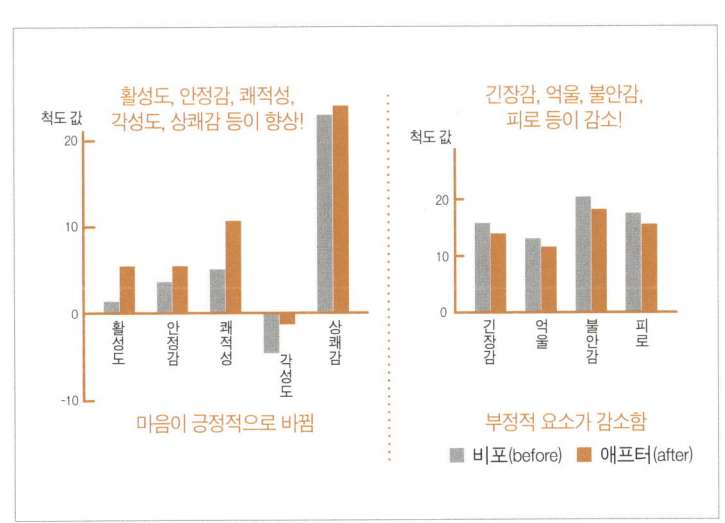

⑤ 남에게 휘둘리지 않는 자기중심적 사고를 할 수 있다

감동 보이스를 낼 수 있게 되면 여러 가지 내면의 변화를 경험하게 됩니다. 만일 자신이 지금까지 남에게 맞추기만 하면서 진정한 자기 모습을 잃어버렸을지도 모른다는 생각이 든다면 이제 그 진짜 모습을 되찾아야겠지요.

목소리가 작아서, 툭하면 목이 쉬어서, 자꾸만 목소리가 기어드는 것 같아서 등, 목소리 때문에 고민이라는 사람들과 상담하다 보면 "제 자신을 잘 모르겠어요."라는 사람이 상당히 많습니다.

그 자리의 분위기를 살피며 남 비위 맞추기에 급급하다 보니 자기 자신이 하는 말이나 느낌이 본심인지 아닌지조차 잘 모르게 되었다는 의미겠죠.

이러한 고민을 지닌 사람은 내향적이라 자기의 생각을 말하거나 감정을 표현하는 게 서투르고 주변 시선이나 평가를 지나치게 신경 쓰는 경향이 있습니다. 또한 '부정당하는 게 싫다, 미움받는 게 싫다'라는 생각 때문에 주변 사람 의견에 자신을 무조건 맞추기 십상입니다. 이렇듯 늘 주변에 맞추기에 급급하고 다른 사람 중심으로 살기 때문에 어느 사이엔가 자신의 본심을 알지 못하게 되는 것입니다.

예전의 저 역시 그랬습니다. 주변 사람의 의견에 제 자신을 맞추려고 상대방을 의식하는 일에 온 신경을 집중하다 보니 몸도 마음도 항상 긴장 상태였습니다. 긴장감은 자기 자신을 지키기 위한 본능에서 비롯됩니다.

이러한 본능이 몸을 경직시켜 '딱딱한 근육'이라는 갑옷을 걸치게 만듭니다. 결국에는 심신상관에 따라 마음까지도 갑옷을 걸친 상태가 되지요. 그러면 딱딱한 갑옷에 마음이 뒤덮여 자신의 본심을 알 수가 없습니다. 이때는 이미 목소리가 작고, 웅얼거리며, 쉽게 잠기는 일이 습관화된 상태일 수밖에요.

마찬가지로 평소 목소리로 인한 자신의 문제점을 느낀 사람이 발성 훈련 강습을 받은 다음 목소리가 편하게 나오는 경험을 하게 되면 때때로 그렁그렁 눈물을 흘리며 이런 말을 합니다.

"하~아~, 그동안 제가 정말 힘들었었나 봐요. 이제 왠지 편해진 것 같습니다."

목소리가 편하게 나오는 자세를 취할 수 있게 되면서 몸의 긴장이 풀리니 마음의 갑옷도 벗겨져서 안심할 수 있게 되었으리라 여겨집니다. 그런데 의외로 많은 사람이 이처럼 힘들고 고통스러운 자신의 상태를 자각하지 못하고 있는 것 같습니다. 여러분은 어떤가요?

감동 보이스를 습관화하다 보면 이러한 사실을 깨닫고 심신의 갑옷을 벗어 던질 수 있게 됩니다. 그 결과 자신의 본심을 알고 자기중심적 사고를 할 수 있게 되지요. 마침내는 자신이 나아가야 할 방향이나 정말로 하고 싶은 일이 무엇인지 자연히 깨닫게 됩니다.

⑥ 자연스레 자기표현을 할 수 있게 된다

이제는 여러분도 아셨겠지만, 감동 보이스, 즉 자신의 고유한 목소리로 말한다는 것은 '있는 그대로의 자신'을 목소리에 담아 표현하는 것이라 할 수 있습니다. 자기 자신을 있는 그대로 인정하고 사랑하며 비하하지 않는 것이지요. 또한 꾸미지 않은 본연의 모습과 공격적이지 않은 태도로 타인과 소통하며 진정한 자신을 드러내는 것이기도 합니다.

"있는 그대로의 자신을 드러낸다는 게 쉬운 일은 아니잖아요."라고 말하는 이들도 분명히 있을 텐데요. 괜스레 소심해지고 불안해지는 기분을 모르는 바는 아니지만 그래도 걱정하지는 마세요.

감동 보이스가 나오는 몸 사용법을 알고 활용하고 있다는 말은 몸의 긴장이 풀려 편안한 상태라는 뜻이니까요. 신체 심리학적으로 말하면 '정신적인 억압이 풀렸다'는 의미로, 다시 말해 마음이 해방된 상태라고 할 수 있지요.

마음이 해방된 상태에서는 **주변 눈치를 보며 분위기를 살피기보다는 '자신이 무엇을 어떻게 하고 싶은지'에 의식의 초점이**

맞춰집니다. 끓어오르는 자신의 감정을 솔직하게 받아들이고 거리낌 없이 표현할 수 있게 되죠.

이처럼 자기 자신을 자연스럽게 긍정적으로 수용하는 사람의 목소리는 깊고 따뜻하여 듣는 사람에게 매우 기분 좋은 울림을 줍니다. 게다가 목소리에 부자연스러운 힘이 들어가 있지 않아 거짓된 울림도 없다 보니 듣고 있노라면 어느새 안도감을 느끼게 됩니다.

이러한 목소리에는 말하는 사람의 태도가 담겨 있고, 그 태도는 울림이 되어 듣는 사람의 마음속 깊은 곳까지 전해집니다. '자신의 고유한 목소리를 낼 수 있다'는 말은 바로 이런 것을 의미합니다.

지금까지 세미나와 기업 연수 등을 통해 정말 많은 사람을 접하면서 제가 느낀 점은 다음과 같습니다. 수많은 사람이 자기 자신이 아닌 다른 누군가가 되고자 필사적으로 매달린다는 것이었어요.

모두가 '있는 그대로의 자신만으로는 뭔가 부족하다'라고 생각하는 것처럼 느껴집니다. 그래서인지 발성 강습 수강자 중에서도 꽤 많은 이들이 강습받기 전에는 본래의 자신과는 다른 '이상적인 목소리'를 내려고 하더군요.

하지만 **자신은 어디까지나 자기 자신**일 수밖에요. 다른 누군가가 될 수 없을 뿐 아니라 애당초 다른 누군가가 될 필요도 없습니다. **자기 자신을 받아들이고 자신의 개성을 밖으로 표현할 수 있**

게 되면 목소리는 참된 울림으로 상대방에게 전해집니다.

있는 그대로의 자신을 받아들이는 것이야말로 자신의 감동 보이스를 실현하는 지름길입니다.

⑦ 자존감이 높아진다

정말 신기하게도 감동 보이스를 낼 수 있게 되면 자존감이 높아집니다. 왜냐하면 자기 내부에서도 목소리의 울림이 느껴지다 보니 '내 목소리 꽤 좋은데!', '이런 목소리를 가진 나라면 제법 괜찮을지도~'라는 생각이 자연스럽게 들거든요.

참고로 한 조사에 따르면, 일본인은 대체로 자존감이 낮은 것으로 나타났다고 합니다. 2018년, 일본 내각부가 13~29세를 대상으로 진행한 '자존감에 대한 국제 비교 조사'에서 '자기 자신에게 만족한다'라고 응답한 비율이 45.1퍼센트로 가장 낮았다네요. 반면에 한국, 미국, 영국, 독일, 프랑스, 스웨덴 등에서는 모두 70퍼센트 이상이었습니다.

그렇다면 자존감이 낮은 사람이 이토록 많은 이유는 무엇일까요? 저는 목소리와 말투가 원인 중 하나가 아닐지 싶습니다. 여담을 하나 하자면 저는 세미나를 진행할 때마다 매번 참석하신 분들에게 꼭 하는 질문이 있습니다. 그것은 다름 아니라 '자신의 목소리를 좋아하세요?'라는 질문입니다. 그런데 항상 비슷한 결과가 나오더군요.

'좋아함' … 5퍼센트
'그럭저럭 좋아함' … 15퍼센트
'싫어함' … 80퍼센트

놀랍게도 80퍼센트 이상이 자신의 목소리를 싫어한다는 결과였습니다. 자기 목소리가 싫다고 대답한 사람 중에는 녹음한 목소리를 듣고 "내 목소리가 이렇군요. 아, 진짜 별로네요."라며 얼굴을 찌푸리는 이들도 많습니다.

녹음한 자기 목소리에 위화감을 느끼는 이유는 평소 뼈를 통해 소리가 전달되는 골전도^{骨傳導}의 형태로 자신의 목소리를 듣고 있기 때문입니다.

뼈를 통해 전달되는 소리는 공기를 통해 전달되는 소리보다 낮게 들립니다. 그래서 공기를 통해 전달되는 소리를 녹음한 목소리를 들려주면 자신이 생각했던 목소리와 다르다고 느끼는 것이죠.

이렇듯 낯설다 보니 놀라게 되고 그래서 더 싫게 느껴지는 것입니다. 그렇지만 한번 생각해 보세요. 우리 인간은 태어나면서 '응애'하고 울음소리를 터뜨린 순간부터 이 세상을 떠날 때까지 기본적으로는 쭉 소리 내어 말합니다. 평생 목소리와 함께 살아가지요.

그런데 평생을 함께하는 자기 목소리가 싫어서 자신감을 가질 수 없다면 어떻게 될까요?

과연 자신의 의견이나 생각을 당당하게 피력할 수나 있을까요?

남들 앞에서 자신감 있게 발표하고 연설할 수나 있을까요?

자기 목소리에 자신이 없으면 아무래도 발화發話에 소극적인 태도를 보일 수밖에 없습니다. **자신의 의견이나 생각을 소리 내어 전달하는 것을 망설이고, 감정을 억누르는 것은 자존감을 낮추는 행위입니다.**

그러나 감동 보이스를 가지게 되면 순식간에 개성이 드러나는 목소리, 스스로가 좋다고 생각하는 목소리가 나오게 됩니다.

실제로 강습이 끝난 뒤 다수의 수강자가 "이게 진짜 내 목소리라고요? 이제는 왠지 내 목소리가 좋아질 것 같아요."라고 말합니다.

거듭 말하지만 자기 목소리를 좋아하게 되면 자존감도 저절로 높아지게 되어 있습니다.

⑧ 남들 앞에서 말하는 것 자체가 즐겁고, 일도 인간관계도 술술 풀린다

자기 목소리를 좋아하게 되면 사람들과 대화하며 소통하는 일 자체가 즐겁고, 남 앞에서 말하는 것에 대한 부담감이 사라집니다.

목소리에 감정을 오롯이 담게 되면 음절에 강세가 붙어 이야기가 매우 드라마틱해집니다. 더불어 표현력이 향상되어 프레젠테이션을 진행하거나 연설, 영업, 접객, 가벼운 잡담 시에도 상대방의 마음을 사로잡을 수 있습니다.

듣는 이의 입장에서는 '어쩜 이렇게 재밌을까? 얘기를 더 듣고 싶은데'라는 생각을 하게 되지요. 그렇다 보니 일이나 인간관계 면에서도 신뢰를 쌓기가 점점 쉬워집니다.

'감동 보이스'를 손에 넣으면 듣는 이의 반응이 달라지는 것은 물론이고 본인 자신에게도 다음과 같은 큰 변화가 찾아옵니다.

① 남의 이목을 끄는 좋은 목소리가 나오게 된다
② 전신의 긴장이 해소되어 쉽게 피로해지지 않는다
③ 오랜 시간 말을 해도 목이 쉬지 않는다
④ 정신적 스트레스가 쌓이지 않는다
⑤ 남에게 휘둘리지 않는 자기중심적 사고를 할 수 있다
⑥ 자연스레 자기표현을 할 수 있게 된다
⑦ 자존감이 높아진다
⑧ 남들 앞에서 말하는 것 자체가 즐겁고 일도 인간관계도 술술 풀린다

기를 쓰고
노력하지 않아도 괜찮다

지금까지 살펴본 바와 같이 '목소리 스위치 하나'로 발성은 물론이고 심신의 상태와 내면까지도 달라질 수 있음을 충분히 이해하셨을 것이라 생각합니다.

저는 현재 전문 건강 심리사(임상심리사)로서 종종 직무 스트레스 관리를 위한 기업 연수를 진행하기도 하는데요. 연수를 진행하는 과정에서 참가자들로부터 "스트레스 해소를 위해서는 수면시간이 중요하다는 것도 운동이 중요하다는 것도 잘 알고 있지만, 너무 바쁜 나머지 잘 시간도 운동할 시간도 없습니다. 도대체 어떻게 하면 좋을까요?"라는 질문을 받곤 합니다.

참고로 기업 연수에서는 '인지 요법(인지 치료)'을 소개하는 커리큘

럼을 제공하는 일이 많습니다. 인지 치료는 사물을 받아들이는 태도를 긍정적으로 바꾸는 방법을 말합니다. 잘 알려진 구체적인 방법으로는 컵에 담긴 물에 대해서 어떻게 받아들이느냐를 보는 것인데요.

컵에 절반 담긴 물을 보고 "물이 반밖에 없네."하고 부정적으로 볼 것인지, "물이 반이나 남았네."하고 긍정적으로 볼 것인지에 따라 그 뒤에 이어지는 감정이 달라진다고 하죠.

긍정적 태도(사고)를 갖춰 자기 자신을 긍정적인 상태로 유지하는 것은 매우 중요합니다. 다만 이러한 방법을 습득하여 스트레스에 적절히 대처해 나갈 수 있을 정도가 되려면 그만한 시간이 필요하지요.

사물을 수용하는 태도는 습관적이기도 하기 때문에 긍정적 사고를 습관화하려면, 이전의 태도나 사고를 매일 조금씩 종이에 적어보는 식으로라도 자신의 상태를 인식하려는 연습이 필요합니다.

그런데 저는 '몸을 통해 마음 상태를 바꾼다'고 하는 신체 심리학을 배운 덕분에 시간을 크게 들이지 않고도 긍정적인 전환을 이룰 수 있었습니다.

다시 말하면 **몸은 '지금 이 자리에서' 바꿀 수 있습니다.** 평소 자기 고유의 목소리가 제대로 나오는 상태로 만들어 놓으면 지금까지 살펴본 것처럼 스트레스 관리가 가능할 뿐 아니라 자연스럽게 내면의 변화도 가져올 수 있지요.

그러나 긍정적으로 바뀌려고 무리하면서까지 자신을 압박할 필요는 없습니다. 휴식 시간을 희생해 가면서까지 장기간에 걸쳐 연습할 필요도 없고요. 너무 기를 쓰고 노력하려 하지도 마세요.

목소리를 개선하면 몸도 마음도 무리하지 않으면서 매우 기분 좋은 변화를 손에 넣을 수 있으니까요.

> 긍정적 태도(사고)를 갖춰 자기 자신을
> 긍정적인 상태로 유지하는 것은 매우 중요합니다.
> 사물을 수용하는 태도는 습관적이기도 하기 때문에
> 긍정적 사고를 습관화하려면 이전의 태도나
> 사고를 매일 조금씩 종이에 적어보는 식으로라도
> 자신의 상태를 인식하려는 연습이 필요합니다.

악기 연주 방법을 익히듯
소리 내는 방법을 익히자

감동 보이스를 습득하면 힘들이지 않고 자신의 고유한 목소리를 되찾을 수 있습니다. 말하자면 자신이라는 악기를 다루는 법을 스스로 익히는 것이지요.

바이올린에는 바이올린의, 비올라에는 비올라의, 첼로에는 첼로의 울림이 있듯이 여러분에게도 멋진 울림을 가진 각자만의 목소리가 있다는 말입니다. 그 울림을 끌어내는 방법을 모르는 채 목소리를 낸다는 것은 연주법을 모르는 악기를 마구 긁어대는 것과 같습니다.

악기는 연주법을 모르면 애초에 소리가 나지 않을뿐더러 소리가 난다 하더라도 끼익끼익 귀에 거슬리는 소음에 지나지 않지요.

그러니 여러분은 지금까지 연주법도 모르는 상태로 무대에 올라

청중을 향해 들어달라며 악기를 긁어댔던 것이나 다름이 없습니다. 어떤가요? 생각만 해도 끔찍하죠. 청중에게 외면당한다 한들 할 말이 없을 만합니다.

하지만 이젠 괜찮습니다. 감동 보이스를 손에 넣고 '자신을 연주하는 방법'을 익힌다면 여러분 자신의 몸에서 나오는 소리 중 가장 잘 울리는 소리이자 듣는 이의 넋을 쏙 빼놓을만한 매력 넘치는 목소리가 얼마든지 나오게 될 테니까요.

그럼 이제 다음 장에서부터는 감동 보이스를 습득하기 위한 기본적인 방법을 소개해 보겠습니다. 서둘러 페이지를 넘기고 함께 시작해 볼까요?

> 바이올린에는 바이올린의,
> 비올라에는 비올라의,
> 첼로에는 첼로의 울림이 있듯이
> 여러분에게도 멋진 울림을 가진
> 각자만의 목소리가 있다는 말입니다.
> 그 울림을 끌어내는 방법을 모르는 채
> 목소리를 낸다는 것은 연주법을 모르는 악기를
> 마구 긁어대는 것과 같습니다.

CHAPTER 3

'감동 보이스'를 손에 넣자

– 기본 발성

'감동 보이스'의 기본은 바이브레이션이다

"제가 이렇게까지 또렷하게 잘 들리는 목소리를 낼 수 있다니 정말 깜짝 놀랐습니다."

감동 보이스를 내기 위해 강습받으신 분들 모두가 이런 말씀을 해주시는데요. **또렷한 목소리의 핵심은 바로 '울림'입니다.**

이러한 울림을 낼 수 있게 되면 고작 1분이라는 짧은 시간으로도 그 자리의 분위기를 휘어잡아 듣는 사람의 마음을 흔들 수 있게 됩니다.

미국이나 유럽에서는 정치가나 기업 경영인 등에게 전문 보이스 트레이너가 함께 할 만큼 '목소리'를 매우 중요시합니다. 왜냐하면 목소리가 인생의 무기가 될 수 있음을 잘 알고 있기 때문이죠. 앞에서도 서술했듯이 목소리는 공기의 진동, 즉 바이브레이션을 의미합니다.

'목소리가 울린다'는 얘기는 발성자의 깊은 호흡으로 공기가 진동한다는 말이거든요. **잘 울리는 목소리에는 호흡으로 공기를 잘 흔들어대기 위한 강력한 에너지가 있음을 뜻합니다.** 이 에너지에 압도되어 마음이 흔들리게 되는 것입니다.

반대로 약하고 가느다란 목소리의 바이브레이션은 작기 마련입니다. 그런 소리에서는 에너지를 느낄 수가 없습니다. 그렇다 보니 듣는 이의 마음에 와닿지 않아 감동이 생기지 않습니다. 듣는 이의 마음을 흔드는 좋은 목소리를 가지려면 커다란 바이브레이션을 일으킬 수 있는 목소리가 전제되어야 합니다.

저는 **목소리를 '자가발전 장치'**라고 여깁니다. 감동 보이스를 습관화하면 말할 때마다 깊은 호흡을 하면서 써야 할 근육을 쓰고 필요 없는 부분은 편안하게 유지하게 되죠. 그러면 커다란 바이브레이션을 일으킬 수 있으며, 바로 엔진 그 자체라고 할 수 있습니다.

그래서 저는 발성 강습을 할 때는 항상 커다란 바이브레이션이 발생하는 '울림 있는 목소리'를 낼 수 있도록 지도하고 있습니다.

> 또렷한 목소리의 핵심은 바로 '울림' 입니다.
> 이러한 울림을 낼 수 있게 되면 고작 1분이라는 짧은 시간으로도
> 그 자리의 분위기를 휘어잡아 듣는 사람의 마음을 흔들 수 있게 됩니다.
> '목소리가 울린다'는 얘기는 발성자의 깊은 호흡으로
> 공기가 진동한다는 말이거든요. 잘 울리는 목소리에는
> 호흡으로 공기를 잘 흔들어대기 위한
> 강력한 에너지가 있음을 뜻합니다. 이 에너지에 압도되어
> 마음이 흔들리게 되는 것입니다.

전신을 흔들기에
바이브레이션이 생기는 것이다

그러면 어떻게 하면 목소리로 커다란 바이브레이션을 일으킬 수 있을까요? 단도직입적으로 말해서 자기 몸을 '갓난아기 상태'로 되돌리면 됩니다. 갓난아기처럼 몸도 마음도 편안한 상태를 유지하면 자연히 울림 있는 목소리가 나옵니다. 그러면 발화된 음성이 성대 부근뿐 아니라 온몸에 울려 퍼지게 되죠.

예를 들어 현악기를 떠올려 보세요. 현의 진동을 악기 전체에 울리도록 함으로써 멀리 울려 퍼지는 깊고 아름다운 음색을 내잖아요. 그런데 소리를 약하게 하는 뮤트mute와 같은 장치를 사용해 현의 진동이 악기 전체에 전달되지 않도록 하면 소리가 나오기 어려워지면서 멀리 울려 퍼지지 못합니다.

이와 마찬가지로 목소리의 진동을 일으키려면 온몸을 사용해 목소리를 울리는 것이 좋습니다. **애초에 발성할 때는 성대뿐만 아니라 온몸을 써야 합니다.** 쉽게 말하자면 우리 인간은 다음 4단계에 따라 발성하고 있습니다.

❶ '복근'으로 '횡격막'을 움직여 '폐'를 압박해서 숨을 내쉰다.
❷ 내쉰 숨으로 '성대'를 진동시킨다.
❸ 성대의 진동이 '목구멍, 입, 코의 공간'에 울리면서 음성이 발생한다.
❹ 음성에 '혀, 입술, 치아' 등으로 변화를 주어 소리를 언어로 만든다.

'발성'이라고 하면 흔히 성대와 목구멍만을 신경 쓰는 사람이 많은데, 사실 발성에는 앞에서 열거한 모든 기관이 사용됩니다.

앞서 '목소리에는 그날의 컨디션이나 정신상태도 모두 반영된다'라고 서술한 이유는 바로 목소리가 이러한 여러 기관의 상태를 반영하기 때문입니다.

게다가 발성에 관여하는 신체 기관은 여기에 나열한 부위만이 아닙니다. 예를 들어 눈가의 표정근은 물론이고 발성의 토대가 되는 호흡과도 밀접한 관련이 있습니다.

여기서 잠깐 한 가지 실험을 해보기로 하겠습니다. 여러분도 따라 해보세요. 먼저 숨을 내쉰 후 평소대로 호흡하면서 눈을 점점 크게 뜹니다. 그런 다음 천천히 원래 상태로 되돌아갑니다.

눈을 크게 떴을 때와 원래 상태로 되돌아갔을 때의 호흡이 어땠는지 기억나시나요? 들이쉬었는지 아니면 내쉬었는지 말입니다.

눈을 크게 떴을 때는 숨을 들이쉬고, 원래 상태로 되돌아갔을 때는 숨을 내쉬었을 겁니다. 반대로는 어려워서 못 하거든요. 그 이유는 표정근과 폐 아래에 있는 횡격막이 연결되어 있기 때문이죠.

요컨대 **표정을 바꾸기만 해도 호흡의 깊이가 바뀌어서 나오는 소리가 전혀 달라진다**는 말입니다.

이들 기관을 모두 유연하게 사용할 수 있게 되면 울림 있는 목소리인 감동 보이스가 나오게 됩니다. 그러려면 갓난아기처럼 온몸의 근육을 적당히 편안한 상태로 만들어 바이브레이션의 원천인 깊은 호흡이 가능하도록 자세를 갖추는 것이 좋습니다.

감동 보이스를 습득하기 위한 기본 단계에 해당하는 '발성 훈련'은 다음 3단계로 이루어집니다.

스텝 1 근육을 이완시키기

스텝 2 자세 가다듬기

스텝 3 호흡을 가다듬고 발성하기

위의 3단계에 따른 발성이 가능해지면 손쉽게 감동 보이스를 실현할 수 있습니다.

각각에 대해서는 동영상이 준비되어 있으므로 참고하면서 연습해 보시면 좋겠습니다. 그러면 바로 시작해 볼까요?

스텝 1 근육을 이완시키기

목, 목구멍이 딱딱하게 굳어 있으면 목소리가 나오지 않습니다. 울림 있는 목소리를 내려면 먼저 업무 스트레스 및 일상 속 스트레스로 딱딱해진 전신의 근육을 풀어주고 편안한 상태로 만들어 줍니다.

목 돌리기

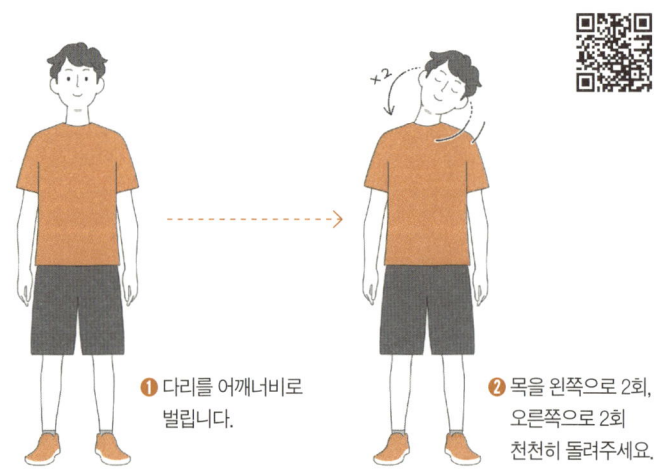

❶ 다리를 어깨너비로 벌립니다.

❷ 목을 왼쪽으로 2회, 오른쪽으로 2회 천천히 돌려주세요.

포인트!

모든 일에 온 힘을 다하는 성실한 분들은 "목을 돌려 보세요."라고 말하면 "네, 알겠습니다."라면서 근육에 잔뜩 힘주어 목을 돌립니다.

딱딱하게 굳은 근육을 풀어주기 위해서 목을 돌리는 건데 힘을 너무 주면 오히려 독이 되겠죠. 목을 너무 세게 돌리면 목구멍이 좁아져서 목소리가 더 안 나오게 되므로 힘을 빼는 게 좋습니다. 머리 무게로 목이 자연스레 중력 방향으로 내려가면 그대로 빙그르르 한 바퀴 돌리는 느낌으로 천천히 움직여 주세요.

숨 크게 쉬기

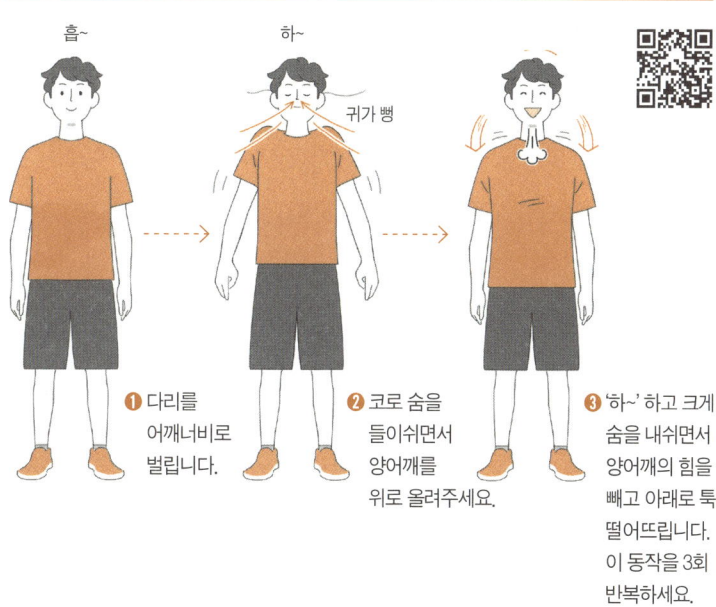

❶ 다리를 어깨너비로 벌립니다.

❷ 코로 숨을 들이쉬면서 양어깨를 위로 올려주세요.

❸ '하~' 하고 크게 숨을 내쉬면서 양어깨의 힘을 빼고 아래로 툭 떨어뜨립니다. 이 동작을 3회 반복하세요.

> **포인트!**
> ③의 동작을 할 때는 다음 두 가지에 초점을 맞춰주세요. 하저는 숨을 내쉴 때 '하~' 하고 크게 소리를 냅니다. 힘이 싹 빠진 '하~' 소리가 뱃속 깊은 곳에서 터져 나오는 매력적인 자기만의 소리를 만드는 토대가 되거든요.
> 또 한가지, 양어깨를 아래로 툭 떨어뜨릴 때 일부러 의식해서 어깨를 내리면 그러한 의식이 작용하여 오히려 근육에 힘이 들어갑니다. 근육 이완이 목적이므로 기분 좋을 정도의 느낌으로 힘을 빼고 중력에 몸을 맡깁니다.

요즘은 개인적으로든 업무적으로든 컴퓨터를 쓸 일이 많아서 여기저기 안 아픈 곳이 없습니다. 어깨결림, 목 통증, 요통 등은 심각한 현대병입니다.

장시간 같은 자세를 유지하다 보면 그 형태로 근육이 굳어 버려 혈류의 흐름이 저해될 뿐만 아니라 목소리마저 나오지 않게 되는 경우가 많습니다.

평소 '실패해서는 안 된다'는 생각에 중압감을 느끼는 사람, 장시간 긴장 상태를 유지하는 사람, 불안을 쉽게 느끼는 사람은 목을 움츠리는 버릇이 있는데, 이렇듯 목을 움츠리면 어깨가 올라가 어깨 근육에 힘이 많이 들어간 상태가 됩니다.

이러한 우리 몸에서 가장 많이 사용되어 늘 부담이 가해지는 어깨의 뭉친 근육을 시원하게 풀어줘야 목소리가 잘 나옵니다.

이제 다음은 견갑골 회전 운동에 관하여 소개해 보기로 하겠습니다. 견갑골도 어깨와 마찬가지로 컴퓨터 작업 등으로 인해 같은 자세를 유지하다 보면 근육이 딱딱해지면서 움직임이 나빠지기 쉽습니다.

견갑골이 굳어서 움직임이 나빠지면 폐가 자유자재로 작아졌다 커졌다 하기가 어렵습니다. 그러면 호흡이 얕아지면서 목소리가 작아집니다.

이 견갑골을 잘 이완시켜주면 깊은 호흡을 되찾는 건 물론이고 울림 있는 목소리까지 되찾을 수 있습니다.

지금까지의 운동으로 몸과 얼굴 주변 근육이 좀 풀렸나요? 감동 보이스를 손에 넣기 위한 운동은 바로 이렇게 '전신의 근육을 이완하는' 것을 말합니다. 우선은 근육을 천천히 풀어주어 목소리가 잘 울려 퍼지는 몸을 만들어나가는 것이지요.

여기서 잠깐 목소리 울림의 열쇠라 할 수 있는 '공명(共鳴)'에 관해서 살펴볼까요? 여담이지만 지금도 제 기억에 또렷이 남아 있는 소리 하나가 있습니다. 몇 년 전에 방문했던 멕시코 칸쿤에 있는 세노테 동굴 속 자연 우물에서 나던 소리입니다.

세노테 동굴은 그 안에서 다이빙이나 스노클링이 가능할 정도로 규모가 큽니다. 파란빛과 신비로움으로 가득한 세노테의 아름다운 풍경도 기억에 강렬히 남아 있습니다. 그중에서도 동굴 천정에서 아래로 또록또록 떨어지는 물방울 소리가 동굴 안에 온통 울려 퍼지던 아름다운 그 음색은 마치 어제 듣기라도 한 것처럼 귓가에 맴돌아 문득문득 생각납니다.

보통 물이 떨어지는 소리는 그다지 크게 울리지 않는 정말로 작은 소리에 지나지 않습니다. 그러나 커다란 동굴 같은 곳에서는 그 소리가 커지면서 주변으로 울려 퍼지게 되지요.

동굴은 땅속에 있는 일정한 크기의 공간을 말합니다만, 이러한 공간이 있기에 공간의 벽에 소리가 부딪쳐서 공명을 일으켜 울림이 되는 것입니다. 예를 들어 교회에 가면 찬송가의 아름다운 음색이 교회 안에 울려 퍼지는데, 이 역시 교회 천장이 높아 공간이 있다 보니 소리가 울리는 것이지요.

우리 몸도 마찬가지입니다. 말하자면 몸은 악기이고 목소리는 악기가 내는 소리인 셈이죠. **우리 몸에는 체강이라는 비어 있는 공간이 존재하는데, 그 비어 있는 공간에 목소리를 공명시켜 울리게 함으로써 밖으로 나오는 목소리가 아름답고 풍요롭게 울려 퍼지는 것입니다.**

공명을 일으키는 공간을 공명강共鳴腔이라고 부르는데, 인간의 몸에는 다음과 같은 공명강이 있습니다.

인두강咽頭腔 ⇒ 성대 바로 위에서 구강과 비강으로 연결되는 공간
구강口腔 ⇒ 입속 공간
비강鼻腔 ⇒ 콧속 공간

모두 '빈속 강腔'이라는 한자가 붙어 있는 것만 봐도 알 수 있듯이, 이 부분이 충분히 열려 공간이 있어야만 공명이 일어나 소리가 울려 퍼집니다.

이 세 개 부분의 공명은 자기 몸을 통해 확인할 수 있습니다. 그럼 함께 확인하기로 하죠.

❶ 인두강

삶은 달걀을 가로로 눕혀 입에 넣는 모습을 상상하면서 입안에 둥그런 공간을 만들어 '오~' 하고 낮은 소리로 발성해 보세요.

가슴 주변에서 진동이 느껴질 겁니다.

인두강이 열려 있으므로 깊은 목소리로 바꾸기가 쉽습니다.

❷ 구강

혀의 가장 안쪽 부분(혀뿌리)을 낮추고 구개수(목젖)라고 하는 입천장 뒤끝 중앙에서 아래쪽으로 두드러지게 드리운 동그스름한 살 부분이 올라간 상태에서 하품하듯이 '하~압' 하고 소리를 내보세요.

하품 소리가 잘 울릴 텐데요, 이는 구강이 열려 공명을 일으키는 상태이기 때문에 울리는 것입니다.

❸ 비강

입을 다물고 후두부에 떨림을 주는 느낌으로 '음~' 하고 허밍을 합

[세 개의 공명강]

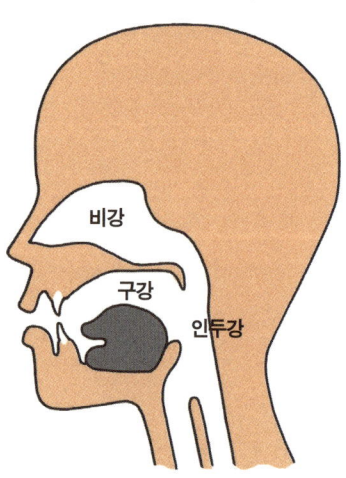

니다. 이때 코에 손을 대보면 진동이 느껴질 텐데 이것이 바로 비강 공명입니다.

팔 돌리기

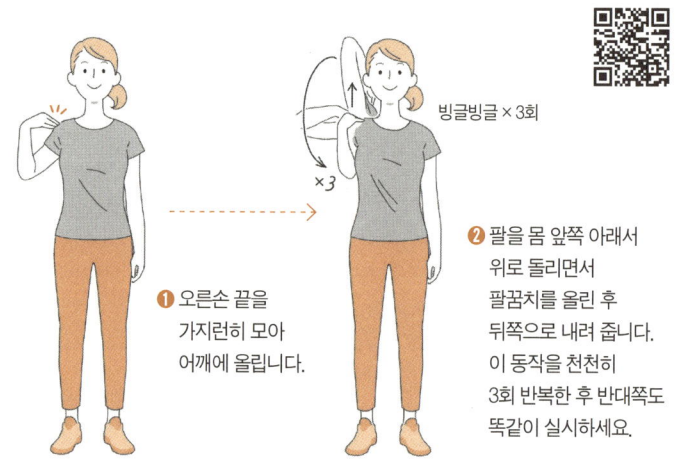

빙글빙글 × 3회

❶ 오른손 끝을 가지런히 모아 어깨에 올립니다.

❷ 팔을 몸 앞쪽 아래서 위로 돌리면서 팔꿈치를 올린 후 뒤쪽으로 내려 줍니다. 이 동작을 천천히 3회 반복한 후 반대쪽도 똑같이 실시하세요.

포인트!

팔을 돌릴 때 어깨와 견갑골 주변이 딱딱한 사람은 팔꿈치와 머리의 간격이 벌어지게 됩니다. 무리하지 않는 정도에서 팔꿈치가 머리 위의 가장 높은 위치에 오면 되도록 수직 상태를 유지할 수 있게 해주세요. 이때 팔과 귀가 닿을 정도로 팔이 높이 올라가면 좋습니다. 반대쪽 팔운동을 시작하기 전에 좌우의 어깨 및 견갑골 주위의 유연성 차이를 느껴 보세요. 동작의 원활함 정도가 많이 다를 것입니다.

허리 펴기

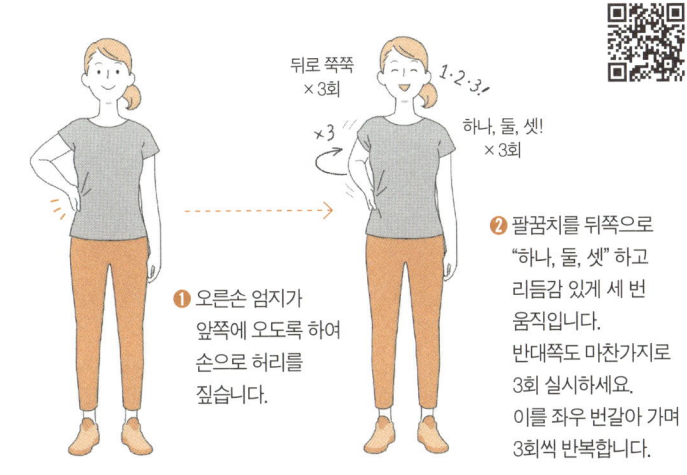

뒤로 쭉쭉 × 3회

하나, 둘, 셋! × 3회

❶ 오른손 엄지가 앞쪽에 오도록 하여 손으로 허리를 짚습니다.

❷ 팔꿈치를 뒤쪽으로 "하나, 둘, 셋" 하고 리듬감 있게 세 번 움직입니다. 반대쪽도 마찬가지로 3회 실시하세요. 이를 좌우 번갈아 가며 3회씩 반복합니다.

포인트!

팔꿈치를 움직일 때 동체(몸의 축)가 흔들리지 않도록 똑바로 자세를 잡습니다. 그런 다음, 그대로 팔꿈치를 뒤쪽으로 움직여 주면 됩니다.

팔을 머리 위로 모델 포즈 따라 하기

하나, 둘, 셋!
×3회
뒤로 쭉쭉

하나, 둘, 셋!
×3회

❶ 오른손을 머리 뒤쪽에 갖다 댑니다.

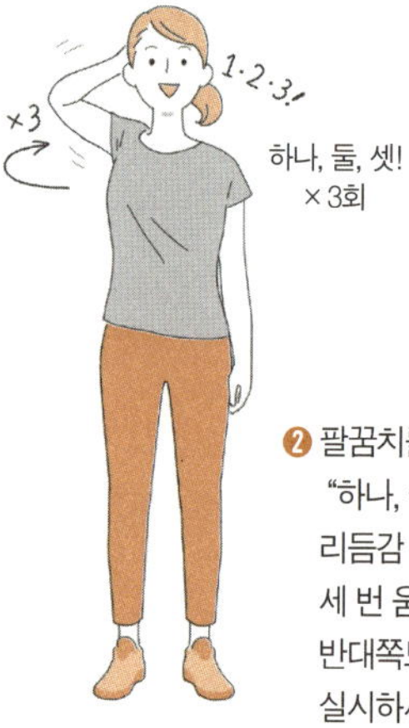

❷ 팔꿈치를 뒤쪽으로 "하나, 둘, 셋" 하고 리듬감 있게 세 번 움직입니다. 반대쪽도 마찬가지로 실시하세요.

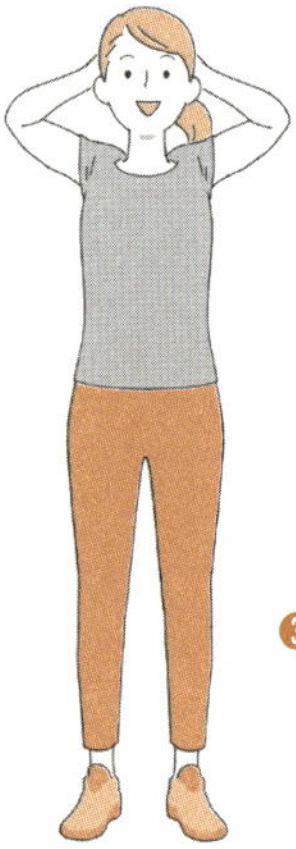

❸ 양손을 머리 뒤로 올려 같은 동작을 반복합니다.

포인트!

팔꿈치를 움직일 때 동체(몸의 축)가 흔들리지 않도록 똑바로 자세를 잡습니다. 그대로 팔을 뒤쪽으로 움직이세요. 모델들이 흔히 취하는 자세와 비슷해서 '모델 포즈 따라 하기'라는 이름을 붙여봤습니다(^^).

웰컴 포즈 취하기

Welcome!

뒤로 쭉쭉
하나, 둘, 셋!
×3회

1·2·3!
×3

❶ "웰컴~" 하고 손님을 맞이할 때 취하는 동작처럼 오른손을 몸에서 약간 떨어뜨려 옆 쪽으로 뻗습니다.

❷ 팔을 뒤쪽으로 '하나, 둘, 셋' 하고 리듬감 있게 세 번 움직입니다. 반대쪽도 마찬가지로 실시하세요.

❸ 양팔을 옆으로 벌려 앞의 동작을 반복합니다.

포인트!

팔을 움직일 때 동체(몸의 축)가 흔들리지 않도록 똑바로 자세를 잡습니다. 견갑골(肩胛骨, 등 쪽에 날개처럼 붙어있어 날개뼈라고도 불림)의 움직임을 느끼면서 팔을 뒤쪽으로 움직여 주세요.

뺨 주변 근육 풀어주기

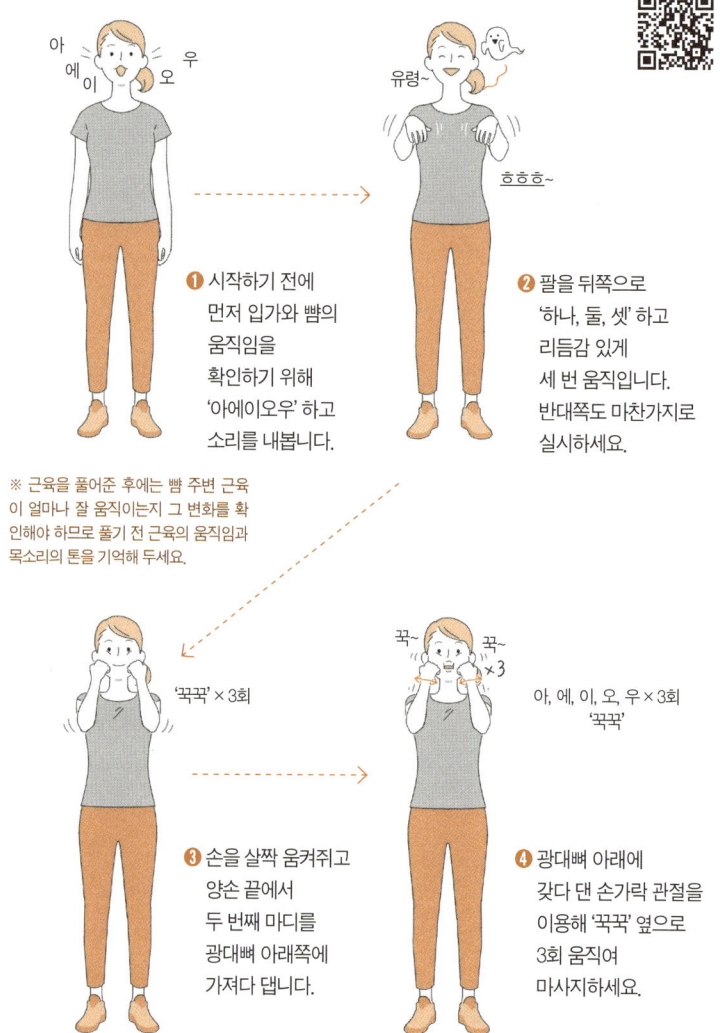

❶ 시작하기 전에 먼저 입가와 뺨의 움직임을 확인하기 위해 '아에이오우' 하고 소리를 내봅니다.

❷ 팔을 뒤쪽으로 '하나, 둘, 셋' 하고 리듬감 있게 세 번 움직입니다. 반대쪽도 마찬가지로 실시하세요.

※ 근육을 풀어준 후에는 뺨 주변 근육이 얼마나 잘 움직이는지 그 변화를 확인해야 하므로 풀기 전 근육의 움직임과 목소리의 톤을 기억해 두세요.

❸ 손을 살짝 움켜쥐고 양손 끝에서 두 번째 마디를 광대뼈 아래쪽에 가져다 댑니다.

❹ 광대뼈 아래에 갖다 댄 손가락 관절을 이용해 '꾹꾹' 옆으로 3회 움직여 마사지하세요.

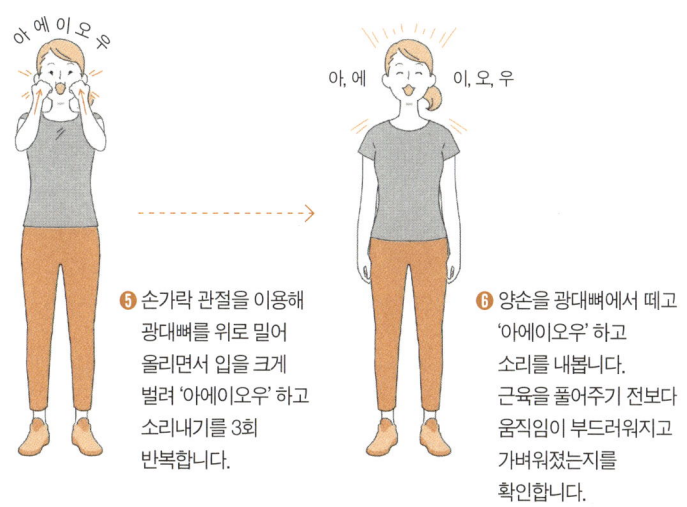

❺ 손가락 관절을 이용해 광대뼈를 위로 밀어 올리면서 입을 크게 벌려 '아에이오우' 하고 소리내기를 3회 반복합니다.

❻ 양손을 광대뼈에서 떼고 '아에이오우' 하고 소리를 내봅니다. 근육을 풀어주기 전보다 움직임이 부드러워지고 가벼워졌는지를 확인합니다.

스텝 2 자세 가다듬기

굳은 몸이 풀렸다면 이번에는 울림 있는 목소리가 나오도록 자세를 가다듬습니다. 이때 이왕이면 전신 거울을 보면서 하는 게 좋겠습니다. 이후 발성 훈련을 할 때는 항상 지금의 자세를 의식하세요.

기본 자세

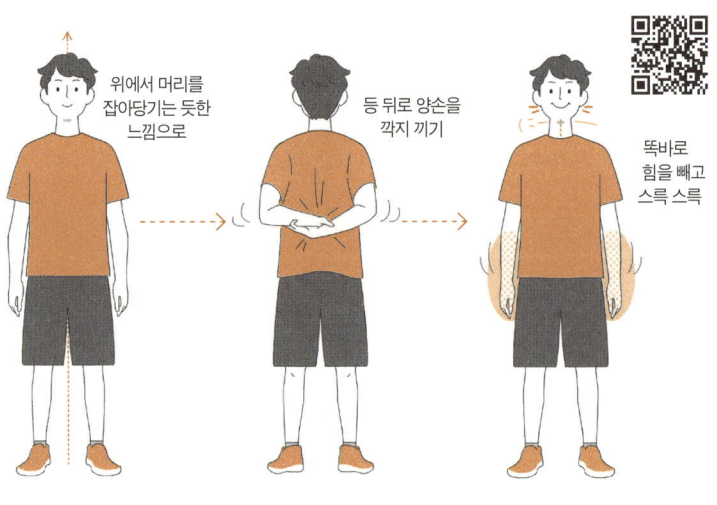

❶ 어깨너비로 다리를 벌려 무게 중심이 양발 가운데에 위치하도록 합니다. 위에서 머리 꼭대기를 잡아당기는 듯한 느낌으로 등을 곧게 펴세요.

❷ 양팔을 등 뒤로 돌려 깍지를 끼고 팔꿈치에서 아래쪽의 힘을 뺍니다.

❸ 목을 똑바로 세우고 입꼬리를 위로 올립니다.

이 자세로 소리를 내면 저절로 깊은 호흡이 가능해지므로 내쉬는 숨의 양이 안정되어 지금까지와는 다른 힘찬 목소리가 나옵니다. 게다가 입꼬리를 올리면 입안의 울림이 향상되어 한 음 한 음이 또렷해지지요.

예전에 발성 훈련 강습에 참석하셨던 분 중 한 분이 다음과 같은 고민을 털어놓으시더군요.

"저는 종종 말투가 어눌하다는 소리를 듣습니다."

그분을 자세히 보니 항상 한쪽 다리에 무게 중심을 둔 채 비딱하게 서 계시더군요. 상체가 약간 구부정하고 목이 한쪽으로 기운 자세였습니다. 입꼬리가 아래로 쳐져서 입술을 꾹 다물고 계신 모습이었죠.

그래서 기본 자세를 연습하게 한 다음, 그 자세를 유지한 상태에서 말을 시켜봤어요. 그러자 "네? 말을 해보라니요. 무슨 말을 하면 되나요? 아무 말이나 괜찮습니까?" 하고 말하고는 이어서 바로 "우와! 제 말투가 달라졌어요."라며 놀라시더라고요.

그전까지는 목소리에 힘이 없고 한 음 한 음이 또렷하지 못해 알아듣기가 어려웠는데, 자세를 바꾸자마자 또렷하고 힘이 넘치는 목소리가 자연스레 나오게 되었지요.

이처럼 바른 자세를 취하면 말투 역시 또렷하게 달라집니다.

독자 여러분 중에도 "내 얘기 같은데…." 싶으신 분이 있다면 더더욱, 아니 꼭 그렇지 않더라도 앞서 서술했듯이 전신 거울을 보면서 기본 자세를 스스로 점검해 보시면 좋겠습니다.

스텝 3 호흡을 가다듬고 발성하기

자, 드디어 실제로 발성해 볼 차례입니다. 먼저 천천히 숨을 들이마시는 방법에 대해서 말씀드리겠습니다. 바이브레이션의 원천은 깊은 호흡에 있습니다. 깊은 호흡을 체감해 보고 싶다면 다음에 소개하는 호흡법을 실천해 보세요.

기본 호흡 훈련

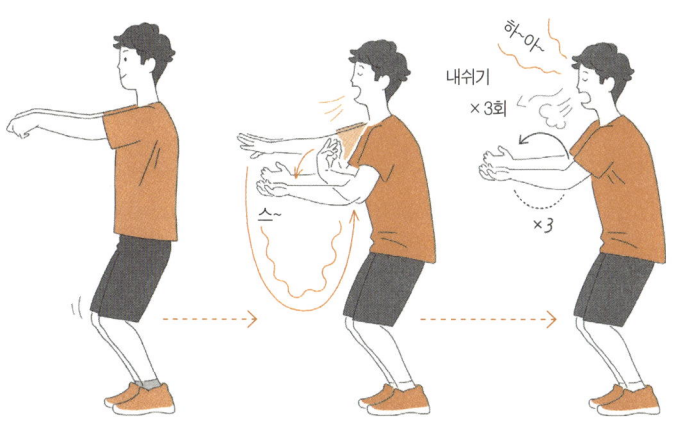

❶ 어깨너비보다 작게 다리를 벌리고 양발 끝이 평행이 되도록 섭니다. 등을 곧게 편 상태에서 무릎을 살짝 구부려 무게 중심을 낮추세요.

❷ ①의 자세를 취한 상태에서 양손을 바닥 쪽으로 내렸다가 가슴 부위까지 이동시키면서 입으로 크게 숨을 들이쉽니다. 그런 다음 손바닥을 뒤집으면서 들이쉰 공기를 내쉽니다. 이 동작을 3회 실시하세요.

❸ 이번에는 ②의 동작을 하면서 숨을 내쉴 때 '하~아~' 하는 소리 (기본음이라고 함)를 더해 줍니다. 이 동작을 3회 해보세요.

> **포인트!**
>
> 입을 세로로 크게 벌리면서 눈을 크게 뜨고 숨을 들이쉬면 많은 공기가 몸속으로 들어옵니다. 팔을 천천히 움직이면 더욱 깊은 호흡이 가능해지죠.

앞서 '포인트!'에서 입을 세로로 크게 벌리면서 눈을 크게 뜨고 숨을 들이쉬면 많은 공기를 들이마실 수 있다고 설명했습니다. 실제로 직접 해보면 많은 공기를 들이마실 수 있다는 사실을 실감할 수 있습니다.

먼저 들이쉬고 내쉬는 호흡을 평상시대로 하면서 서서히 입을 크게 벌립니다. 더는 벌릴 수 없는 상태까지 입을 벌렸다면 이번에는 서서히 입을 원래 상태로 되돌려줍니다. 이 동작을 2~3회 반복한 후 다음 사항을 확인해 보세요.

입을 서서히 벌릴 때 호흡은 어땠는지, 들이쉬었는지 아니면 내쉬었는지를 말이지요. 입을 서서히 원래 상태로 되돌릴 때는 숨을 들이쉬었는지 아니면 내쉬었는지도 확인합니다.

이번에는 아까와 마찬가지로 들이쉬고 내쉬는 호흡을 평상시대로 하면서 서서히 눈을 크게 뜹니다(입은 다문 상태여도 상관없습니다).

더는 크게 뜰 수 없을 때까지 떴다면 다음은 서서히 눈을 원래 상태로 되돌려줍니다. 이 동작을 2~3회 반복한 후 다음 사항을 확인해 보세요.

눈을 서서히 크게 뜰 때 호흡은 어땠는지, 들이쉬었는지 아니면 내쉬었는지를 말이지요. 눈을 서서히 원래 상태로 되돌릴 때는 숨을 들이쉬었는지 아니면 내쉬었는지도 확인합니다.

우리는 입을 크게 벌릴 때 공기를 들이마시고 입을 원래 상태로 되돌릴 때는 숨을 내쉽니다. 눈도 마찬가지로 크게 뜰 때는 공기를 들이마시고 원래 상태로 되돌릴 때는 숨을 내쉬지요. 이와 반대로 호흡하기는 쉽지 않습니다.

왜 그러냐면 **얼굴 근육의 움직임과 횡격막이 연결되어 연동하기 때문**이죠. 횡격막은 폐 바로 밑에 있는 근육입니다. 폐는 스스로 커지거나 작아지거나 할 수 없습니다. 주변 근육이 움직여줘야 하거든요. 그 주변 근육의 하나가 바로 횡격막입니다.

얼굴 근육이 움직이면 횡격막은 내려갑니다. 입을 크게 벌리거나 눈을 크게 뜨면 횡격막이 내려간다는 말입니다.

횡격막이 내려가면 폐는 크게 부풀게 마련인데 안으로 공기를 끌어들이지 않으면 부풀어 오를 수 없다 보니 공기를 들이마시게 되는 것입니다.

얼굴 근육이 원래 상태도 되돌아가면, 횡격막도 같이 되돌아가면서 올라가게 됩니다. 횡격막이 올라가면 폐는 쪼그라들지요. 폐 내부에 공기가 들어가 있으면 작게 쪼그라들 수 없으므로 이때는 안에 있는 공기를 뱉어내게 되는 것입니다.

다시 말해 표정이 풍부한 사람은 호흡이 깊다는 뜻입니다. 목소리의 풍부함과 호흡은 관련이 있으므로 표정이 풍부한 사람은 울림 있는 목소리를 내기가 쉽습니다.

여기까지는 감동 보이스를 습득하기 위한 기본 훈련 방법이었습니다. 이러한 훈련을 통해 평소의 호흡이 깊어지면서 울림 있고 전달력 있는 목소리를 무리 없이 낼 수 있게 됩니다.

목소리 고민에 따른 발성 훈련

지금부터는 목소리로 인한 고민별 발성 훈련 방법에 대해서 살펴보겠습니다. 목소리의 개성을 구성하는 요소에는 '크기', '음질', '높낮이', '속도', '간격'의 다섯 가지가 있습니다.

그렇다면 여러분의 목소리 고민은 다음 중 어디에 해당하나요?

1 **목소리 크기** - 목소리가 작아서 상대방이 자꾸 되묻는다.

2 **음질** - 기어드는 목소리라서 잘 전달되지 않는다.

3 **높낮이** - 소리가 너무 낮아서 잘 전달되지 않는다.

4 속도 및 간격 - 말이 너무 빨라서 상대방이 못 알아듣는다.

5 어눌한 발음 - 발음이 좋지 않아서 명확하게 전달이 되지 않는다.

6 혀 짧은 소리 - 혀가 짧아서 신뢰감이 잘 느껴지지 않는다.

1, 2, 3, 4번과 같은 고민 이외에도 5, 6번 등의 문제로 고민하는 경우가 많을 것입니다. 그렇다면 이제부터는 위에 열거한 대표적인 목소리 고민과 더불어 그 대처법을 소개해 보겠습니다.

여러분 각자에게 해당하는 부분을 중점적으로 살펴보면서 개선 방법을 실천해 나가는 것도 좋습니다. 그렇게 하다 보면 알아듣기 쉽고 상대방에게 잘 전달되는 매력적인 목소리를 낼 수 있을 것입니다.

① 목소리가 작은 탓에 상대방이 자꾸 되묻는 경우는 '호흡'을 개선하자

작은 목소리의 원인은 얕은 호흡에 있습니다. 이를 개선하려면 호흡이 깊어지도록 하는 것이 무엇보다 중요합니다.

먼저 앞서 소개한 '기본 호흡 훈련'을 실천하여 깊은 호흡법을 익혀보세요. 호흡법을 익혔다면 이제 목소리 크기를 크게 하는 간단한 요령을 알려드리겠습니다.

발성 훈련을 할 때는 '시선을 멀리 두는 것'이 좋습니다. 입을 통해 나오는 목소리의 진동은 시선의 끝, 즉 바라보고 있는 방향을 향해 날아갑니다. 그러므로 시선을 멀리 두고 연습하면 좋습니다.

평소 장시간 컴퓨터나 스마트폰을 보는 사람이 많을 텐데요. 컴퓨터 및 스마트폰의 화면과 눈까지의 거리가 가까운 이러한 환경에서는 목소리의 진동을 멀리 보낼 필요가 없다 보니 목소리가 작게 마련이고 호흡이 얕을 수밖에 없습니다.

제가 평소 다니는 미용실 원장님의 경우를 예로 들어 볼까 하는데요. 현장에서 직접 가위를 들고 고객의 머리를 만지는 시술자이자 미용실 경영자이기도 한 그는 식사하려고 들어간 가게에서 절대로 자신이 직접 주문하는 법이 없다고 합니다. 자신이 주문하려고 가게 종업원을 불러도 봐주지를 않아서 같이 간 사람에게 주문을 부탁한다고 해요.

직업상 그럴 수도 있겠다고 제가 말했죠. 미용사는 늘 고객과 가까운 거리에서 말할 수밖에 없는 직업입니다. 목소리가 가닿을 목표 지점이 매우 가까이에 있다 보니 식당과 같은 환경에서처럼 멀리 있는 사람에게 목소리를 전달할 만한 호흡의 크기, 근육의 움직임이 습관화되어 있지 않아서 평소처럼 목소리를 내면 가닿지 않거든요. 이러한 음성적 특징을 가진 사람을 가리켜 저는 '공간 거리가 가까운 사람'이라고 부릅니다.

"회의 시간에 제가 어떤 제안을 해도 소리가 잘 전달되지 않아서인지 귀담아듣는 이가 없는 것 같아요."라는 사람은 그야말로 공간 거리가 가까운 분이라고 할 수 있죠. 그런 사람은 대체로 호흡이 얕고 소리를 내기 위한 근육의 움직임이 약한 경향이 있습니다.

이처럼 발성이나 호흡 방법은 평소의 생활환경이나 업무환경의 영향을 받습니다. 그러므로 시선이 가까운 곳에만 가는 생활이나 일을 하는 사람은 창밖의 먼 경치를 보면서 천천히 깊은 호흡을 해보세요. 창밖 멀리에 있는 건물 등의 목표물을 정해 그 목표물 꼭대기 너머를 의식하면서 "아~!" 하고 기분 좋게 소리를 내보는 것도 좋습니다. 이렇듯 거리 감각을 바꾸기만 해도 자연히 목구멍이 벌어져서 커다란 소리가 나오기 쉬워집니다.

② 목소리가 기어드는 사람은 '입가 근육'을 단련하자

얼마 전 한 카페에 앉아 잠시 업무 관련 일을 보고 있었을 때의 일입니다. 제 눈앞에 불쑥 얼굴을 들이미는 사람이 있어서 깜짝 놀란 적이 있었지요.

잠시 후 지인이라는 사실을 깨닫고 "뭐예요! 깜짝 놀랐잖아요."라고 말하자, 지인이 말하길 "아까부터 불렀는데…."라더군요. 전혀 몰랐습니다.

그런데 사실 그로 말할 것 같으면 평소 얼굴을 마주 보고 얘길 해도 혼잣말을 하는 듯한 느낌이라서 내게 하는 말인지, 본인 자신에게 하는 말인지 판단이 어려운 부분이 있습니다. 이처럼 웅얼거리는 말투를 쓰는 사람과는 대화가 쉽지 않습니다.

말할 때 입을 별로 안 움직이면 소리가 안으로 기어들어 목소리에 힘이 없어 보입니다. 목소리의 진동이 밖으로 거의 나오지 않기 때문에 상대방에게 전달되기도 어렵고요.

이는 평소 입가 근육을 사용하지 않는 탓에 근육 움직임이 원활하지 않아 발음에 필요한 입 모양을 만들지 못해서 생기는 일입니다. 웅얼거리는 말투를 하는 사람의 입 모양을 관찰하면 아무래도 입가의 움직임이 둔한 경우가 많습니다. 그 이유는 바로 **근육이 굳어 있기 때문**이죠. 그래서 움직이려고 애를 써도 잘 움직이질 않습니다.

굳어 있는 부분에 근육을 만들려고 하다가는 한층 더 근육이 딱딱해져서 경직되기만 할 뿐입니다. 그러므로 웅얼거리는 말투를 쓰는 사람은 우선 이번 장에 소개한 기본 발성 훈련을 확실히 익혀 입가의 뭉친 근육을 풀어준 뒤에 근력을 키우는 것이 좋겠습니다.

③ 목소리가 너무 낮아 잘 전달되지 않는 사람은 '혀의 경직'을 풀어주자

"목소리가 너무 낮아서 잘 전달되지 않아요."라는 고민 상담을 받는 일이 종종 있습니다.

남성, 여성 가릴 것 없이 비슷한 고민을 안고 상담을 요청하는 경우가 많은데, 그런 분들의 목소리를 들어 보면 확실히 낮은 경향이 있더군요.

그런데 목소리가 잘 전달되지 않는 이유가 꼭 낮아서만은 아닌 경우가 꽤 있습니다. 단지 본인만 모를 뿐이지요. 목소리의 높낮이는 타고난 골격에 따라서 결정되는 것으로 각자의 '개성'이며, 이러한 개성은 갈고 닦을수록 빛이 납니다.

사실 목소리가 잘 전달되지 않는 이유는 다른 곳에 있는 일이 대부분입니다. 제가 겪은 바로는 심리적인 문제가 원인이 되어 목소리의 전달력이 좋지 않은 사례가 많습니다.

이를테면 "제가 말만 하면 사람들이 되묻네. 내 목소리가 그렇게 나쁜가. 잘 안 들리나?!"라는 마음에 자신감을 잃고 말하는 것 자체를 꺼리게 될 수 있지요. 말하는 것을 조심스러워하다 보면 입을 크게 벌리지 못합니다. 상대방에게 좀처럼 마음을 열지 못하는 심리가 마음을 보여주지 않는(=입안을 보이지 않는) 행동으로 나타나 입을 작게 벌리게 되는 것입니다.

또한 마음의 긴장이 근육을 긴장시켜 혀를 굳게 만듭니다. 혀는 근육으로 이루어져 있습니다. 혀와 성대는 가깝게 있어서 혀가 굳으면 성대가 경직될 가능성이 크고, 성대가 경직되면 목소리가 잘 안 나오기 쉽지요.

낮은 목소리를 가진 사람이 어쩌다 우연히 자기 목소리에 자신감을 잃고 소리가 잘 전달되지 않는 상태가 되면, 대개는 보통 자신의 목소리가 낮아서 전달이 안 되는 거라고 오해합니다. 이때는 입가 근육을 풀어준 후 입을 크게 벌려 혀의 긴장을 풀고 부드럽게 유지하는 것이 해결책이 됩니다.

농구의 신으로 불리는 마이클 조던Michael Jordan이 경기 도중 '메롱'이라도 하듯 혀를 내미는 모습을 본 적 있는지요? 얼핏 장난치는 것처럼 보일 수 있지만, 사실 혀를 내미는 것은 이기기 위한 전략의 하나라고 할 수 있습니다.

프로 농구 경기쯤 되면 경기 내내 중압감에 시달릴 수밖에 없을 텐데요. 중압감으로 인해 지나치게 긴장하면 근육이 경직되어 몸이 마음처럼 움직이지 않습니다. 그 결과 경기에 지장을 주게 됩니다. 게다가 머릿속이 하얘져서 냉철하게 판단하고 생각하면서 경기를 뛰기가 힘들어집니다.

경기 중 혀를 내미는 것이 부정적인 긴장 상태를 회피하고, 가지고 있는 힘을 100퍼센트 발휘하기 위해서라면 이해를 못 할 바도 아니지요. 혀의 경직은 사실 전신 경직과 근육 수축으로 이어질 수 있거든요. 직접 확인해 볼 수 있으니 한번 해볼까요?

먼저 똑바로 서서 혀를 단단히 오므리고 턱에 힘을 주어 몸을 앞으로 굽힙니다. 얼마나 굽혀졌나요?

다음은 혀의 힘을 빼고 메롱 하듯 혀를 내민 상태로 몸을 앞으로 굽혀 보세요. 어떤가요? 혀에 힘을 주었을 때보다 혀를 내밀고 힘을 뺐을 때 더 많이 구부려지는 것 같지 않나요?

자신의 목소리가 잘 전달되지 않는다는 분들뿐 아니라, 쉽게 긴장하는 편이라는 분들도 이런 자세를 취해 보면 도움이 될 수 있습니다. 전신에 힘이 과하게 들어간 상태에서 힘을 빼주면 마음의 긴장이 풀리고 몸도 편안해집니다.

④ 알아듣기 힘들 정도로 말이 빠른 사람은 '간격'을 조절하자

말하는 속도에는 환경적 요인이나 정신적 요인 등도 관련이 있습니다. 머리 회전이 빨라서 말이 빠른 사람이 많은데 할 말이 잇달아 떠오르다 보니 입에서 말이 줄줄이 나오는 것이지요. 또한 마음이 초조하면 심신의 리듬이 빨라져서 대체로 말이 빨라지기도 합니다.

그러나 알아듣기 쉬운 속도라는 게 있습니다. 1분에 350자 정도라고 하는데요, 아나운서가 뉴스를 진행할 때의 속도가 대체로 이 정도입니다. 이보다 더 빠르면 알아듣기 힘들어 듣는 사람을 초조하고 불안하게 만들 뿐 아니라 설득력도 잘 생기지 않습니다.

이처럼 말이 빠른 사람의 말에는 '간격이 없다'는 특징이 있는데요. 듣는 사람은 말과 말 사이에서 내용을 하나하나 곱씹으며 이해한 후 전체 내용을 파악하려고 합니다. 그렇다 보니 말과 말 사이에 간격이 없으면 아무래도 전체 내용을 이해하기가 어렵습니다.

그러므로 말이 빠른 사람은 말과 말 사이의 간격을 의식하는 훈련을 해보는 것이 좋겠지요. 말과 말 사이의 간격 두기를 습관화하면 상대방이 쉽게 알아들을 수 있는 목소리를 낼 수 있게 됩니다. 한번 시도해 보세요.

다음 문장을 소리 내어 읽어 보세요. (간격) 표시가 있는 부분에서 확실하게 1초 사이를 두고 거기서 호흡한 후 다시 이어지는 문장을 읽어 나갑니다.

- 미소 가득한 얼굴로 (간격) 풍요로운 목소리를 내어 보세요 (간격).
- 그러면 (간격) 그 목소리를 들은 사람의 얼굴에도 (간격) 미소가 번지고 (간격) 마음이 풍요로워질 수 있거든요 (간격).
- 목소리의 힘으로 (간격) 커다란 행복을 (간격) 만들어나갈 수 있습니다!

말과 말 사이에 간격을 두지 않으면 호흡이 얕아져서 목소리에 울림이 없어집니다. 반대로 말과 말 사이에 적당히 간격을 두면 알아듣기 쉬운 울림 있는 목소리가 나옵니다.

⑤ 발음이 좋지 못한 사람은 '발성할 때의 입 모양'을 바꿔보자

"무슨 말인지 알아듣기 힘들어요."라는 소리를 듣는 사람 중에는 발음이 좋지 못한 이가 많습니다.

발음이 나쁜 이유는 입 모양이 그 소리를 내기에 적절하지 못하기 때문이지요. 발음을 개선하고자 할 때는 입 모양을 명확하게 만들도록 연습할 필요가 있습니다.

발음은 자음과 모음으로 구성된 언어를 올바르게 표현하는 것입니다. 모음은 언어에서 발음을 나타내는 중요한 역할을 합니다. 모음을 명확하게 발음할 수 있게 되면 발음은 좋아지기 마련입니다.

발음이 좋아지면 언어유희의 일종인 '빠른 말놀이'를 할 때도 빠르고 정확하게 클리어할 수 있습니다. 이제 다음에 소개하는 발음 연습을 해보기로 하죠. 나아질 때까지 되도록 매일 하는 것이 좋습니다.

한번 시도해 보세요. 다음에 제시한 문장을 차례로 소리 내어 말해 보세요.

① 아리따운 아가씨가 마음도 곱구나. (1회)

② 아이아우 아가이아 아으오 오우아. (3회 반복)

　이것은 ①의 문장에서 모음만을 뽑아낸 것입니다.

③ 아리따운 아가씨가 마음도 곱구나. (1회)

　마지막에 다시 ①의 문장을 말해 봅니다.

처음 발화할 때와 비교하면 발음이 또렷해졌음을 느끼실 수 있으셨을 것입니다.

⑥ 혀 짧은 소리를 내는 사람은 '혀의 근력'을 키워보자

　대학원에 다니던 시절, 저보다 훨씬 젊은 20대 초반 대학원 동급생들과 한 연구에 참여한 적이 있습니다. 그때 혀의 근력이 약한 학생이 의외로 많다는 사실을 알게 되었어요. 그들의 입가를 관찰했더니 말할 때나 목소리를 낼 때 치아 사이로 혀가 나오는 학생이 드문드문 있더군요.

　비음 섞인 혀 짧은 소리로 뜸을 들이면서 어미를 길게 늘이고 말끝을 흐리는 말투는 귀여워 보일 수는 있으나 예리함이 없어 보입니다.

　어쩌면 어려서부터 단단한 음식을 먹을 기회가 적었거나 씹는 행위를 별로 안 한 게 아닌가 하는 생각이 들더군요.

　평소 혀를 쓰거나 씹는 행위를 안 하다 보면 혀 근육이 약해집니다. 혀 짧은 소리는 귀여운 인상을 줄 수는 있지만, 비즈니스 장면에서 강함이나 엄격함이 필요할 때 적합한 목소리를 낼 수 없으므로 신뢰감을 주기가 힘들 수 있습니다. 그렇게 되지 않도록 다음에 소개하는 훈련을 통해 혀의 근력을 키워야겠습니다.

한번 시도해 보세요.

혀를 쭉 내밀고 열을 센 다음 힘을 뺍니다.

이 동작을 3회 반복하세요.

대표적인 목소리 고민과 더불어 그 대처법을 소개해 보겠습니다.

1. 목소리가 작은 탓에 상대방이 자꾸 되묻는 경우는 '호흡'을 개선하자
발성이나 호흡 방법은 평소의 생활환경이나 업무환경의 영향을 받습니다. 그러므로 시선이 가까운 곳에만 가는 생활이나 일을 하는 사람은 창밖의 먼 경치를 보면서 천천히 깊은 호흡을 해보세요.

2. 목소리가 기어드는 사람은 '입가 근육'을 단련하자
웅얼거리는 말투를 쓰는 사람은 우선 이번 장에 소개한 기본 발성 훈련을 확실히 익혀 입가의 뭉친 근육을 풀어준 뒤에 근력을 키우는 것이 좋겠습니다.

3. 목소리가 너무 낮아 잘 전달되지 않는 사람은 '혀의 경직'을 풀어주자
낮은 목소리를 가진 사람이 어쩌다 우연히 자기 목소리에 자신감을 잃고 소리가 잘 전달되지 않는 상태가 되면 대개는 보통 자신의 목소리가 낮아서 전달이 안 되는 거라고 오해합니다. 이때는 입가 근육을 풀어준 후 입을 크게 벌려 혀의 긴장을 풀고 부드럽게 유지하는 것이 해결책이 됩니다.

4. 알아듣기 힘들 정도로 말이 빠른 사람은 '간격'을 조절하자
말이 빠른 사람의 말에는 '간격이 없다'는 특징이 있는데요. 말과 말 사이의 간격을 의식하는 훈련을 해보는 것이 좋겠지요. 말과 말 사이의 간격 두기를 습관화하면 상대방이 쉽게 알아들을 수 있는 목소리를 낼 수 있게 됩니다.

5. 발음이 좋지 못한 사람은 '발성할 때의 입 모양'을 바꿔보자

발음이 나쁜 이유는 입 모양이 그 소리를 내기에 적절하지 못하기 때문이지요. 발음을 개선하고자 할 때는 입 모양을 명확하게 만들도록 연습할 필요가 있습니다. 발음은 자음과 모음으로 구성된 언어를 올바르게 표현하는 것입니다. 모음은 언어에서 발음을 나타내는 중요한 역할을 합니다. 모음을 명확하게 발음할 수 있게 되면 발음은 좋아지기 마련입니다.

6. 혀 짧은 소리를 내는 사람은 '혀의 근력'을 키워보자

평소 혀를 쓰거나 씹는 행위를 안 하다 보면 혀 근육이 약해집니다. 혀 짧은 소리는 귀여운 인상을 줄 수는 있지만, 비즈니스 장면에서 강함이나 엄격함이 필요할 때 적합한 목소리를 낼 수 없으므로 신뢰감을 주기가 힘들 수 있습니다. 그러므로 훈련을 통해 혀의 근력을 키워야겠습니다.

'소리 내어 읽는' 연습을 통해 감동 보이스를 몸에 배게 하자

감동 보이스를 손에 넣기 위한 기본 훈련은 여기까지입니다. 꾸준히 따라한다면 평소 굳어 있던 몸이 풀리면서 여유롭고 깊은 호흡을 할 수 있게 됩니다.

'왠지 모르게 몸이 편해지고 따뜻해진 것 같다.'
'얼굴의 긴장이 풀린 덕분인지 두통이 사라졌다.'
'호흡이 깊어져서 머리가 맑아졌다.'
이런 느낌을 받으셨다는 분들도 계시리라 생각합니다.

항상 편안한 상태에서 깊은 호흡으로 소리를 내게 되면 '응애' 소리와 함께 태어났을 때와 같은 자기 본연의 목소리를 낼 수 있게 되거든요. 이 소리는 성장 과정에서 잃어버린 여러분 각자의 진짜 목소리입니다. 하지만 잃어버렸더라도 기본만 제대로 익힌다면 몇 살이 되었든 진짜 목소리를 되찾을 수 있습니다.

이 진짜 목소리를 그대로 유지할 수 있도록 평소 '**소리 내어 읽는**' 행위를 습관화하길 권합니다. 뭘 읽든 상관없습니다. 책이 되었든 신문이 되었든 아무거나 다 괜찮습니다. 여러분 각자가 개선하고자 하는 부분에 중점을 두고 소리 내어 읽기를 실천해 보세요.

소리 내어 읽기의 장점은 '호흡 시의 공기 사용량이 소리 내지 않을 때보다 약 3~5배로 증가하여 체내에 흡수되는 산소량이 많아진다'는 점입니다. 또한 목소리의 진동 효과로 우리 몸의 내부 장기가 자극을 받아 혈류가 좋아지면서 원하든 원치 않든 몸과 마음이 활성화됩니다.

저는 아나운서 일을 시작하기 전부터 소리 내어 읽는 것을 종종 즐겼습니다. 눈앞에 있는 거라면 그게 무엇이든 간에요. 책이든 신문이든, 잡지든 글자만 보이면 닥치는 대로 소리 내어 읽었어요.

소리 내어 읽다 보면 기분이 너무 좋아져서 읽기를 멈출 수가 없게 됩니다. 머릿속으로는 '이제 슬슬 그만 멈춰야지. 이만하면 됐어' 하고 생각하는 데도 좀처럼 그만둘 수가 없었죠. 외출하기 전에도 소리 내어 읽는 일에 집중하다가 약속 시간에 늦을 뻔해서 부랴부랴 역까지 뛰어가는 일이 다반사였어요.

마치 마라톤 선수가 장시간 계속 달리면서 느끼게 되는 짜릿함에 더 달리고 싶어 하는 '러너스 하이Runner's High'와 같은 상태라고나 할까요. 이 러너스 하이라는 심리적 현상에는 뇌 신경전달물질인 엔도르핀이 관계하고 있다는 얘기가 있습니다. 엔도르핀은 고양감이나 만족감을 높여주는 물질입니다.

저는 소리 내어 읽는 행위도 어쩌면 뇌 속 신경전달물질과 관련 있을지 모른다는 생각을 쭉 해왔습니다. 최근 들어 마침내 흥미로운 사실이 밝혀집니다.

스님들이 경전을 독경할 때 뇌 안에서 세로토닌이라는 신경전달물질이 다량 분비된다는 사실이 확인된 것이죠. 세로토닌은 마음을 안정시켜 안심감을 주는 물질인데요. 우울증을 앓는 사람의 뇌 안에는 세로토닌이 적다고 합니다.

즉, 세로토닌은 정신 건강을 유지하는 데 중요한 물질이라고 할 수 있습니다. 소리 내어 읽는 행위에도 비슷한 효과가 있을 것이라 생각합니다. 소리 내어 읽기. 고작 이것만으로도 자신의 진짜 목소리가 자기 안에 확실히 자리 잡혀 정신 건강에도 좋은 영향을 미치게 되니 꼭 실행해 보시길 바랍니다.

> 평소 '소리 내어 읽는' 행위를 습관화하길 권합니다.
> 뭘 읽든 상관없습니다. 책이 되었든 신문이 되었든
> 아무거나 다 괜찮습니다. 여러분 각자가 개선하고자 하는 부분에
> 중점을 두고 소리 내어 읽기를 실천해 보세요.
> 소리 내어 읽기의 장점은 호흡 시의 공기 사용량이
> 소리 내지 않을 때보다 약 3~5배로 증가하여
> 체내에 흡수되는 산소량이 많아진다는 점입니다.
> 또한 목소리의 진동 효과로 우리 몸의 내부 장기가 자극을 받아
> 혈류가 좋아지면서 원하든 원치 않든
> 몸과 마음이 활성화됩니다.

감동 보이스 구사하기

 - 응용 발성

아침부터 맑은 목소리를 낼 수 있는 '허밍 운동'

앞장에서 감동 보이스의 기본에 대해서 말씀드렸다면 이번 장에서는 여러분 각자가 손에 넣은 감동 보이스를 한층 더 효과적으로 구사할 수 있도록 하기 위한 기술을 소개하겠습니다. '감동 보이스를 구사할 수 있게 되었다'는 것은 이제 주변 사람들을 매료시킬 수 있는 '울림'이 있는 목소리를 낼 수 있게 되었다는 얘기가 되겠죠.

그러면 어디에 있든 자연스럽게 주변의 이목이 쏠리게 마련입니다. 이때 듣는 사람의 흥미를 유발할 만한 목소리의 기교가 있다면 그 영향력은 한층 더 커질 뿐 아니라 자신이 바라는 결과를 손에 넣기 쉬워집니다. 그러면 이제 구체적인 방법을 살펴보겠습니다.

먼저 소개할 내용은 아침에 일어나면서부터 맑고 또렷한 목소리가 나올 수 있도록 하는 방법에 관해서입니다. 보통 이른 아침에는 목소리가 잘 안 나오는데, 그런 상태에서는 모처럼 손에 넣은 감동 보이스도 무용지물이 되고 맙니다. 발성 훈련 강습을 받으러 오시는 분들이 종종 다음과 같은 질문을 하시는데요.

"클라이언트를 모시고 프레젠테이션을 진행해야 하는데 일정이 오전 일찍 잡혀서요. 아침에 목소리가 잘 안 나와서 좋지 못한 인상을 주면 어쩌나 걱정입니다. 아침에도 맑고 또렷한 목소리가 나올 수 있게 좋은 방법 좀 없을까요?"

고객을 상대로 하는 중요한 일이니만큼 진지해질 수밖에요. 특히 컨설팅 일을 하시는 분들에게는 매일 아침이 승부처가 되고 있을 테니까요. 그런 사람들에게 도움되는 것이 바로 베테랑 전문가들에게도 빼놓을 수 없는 '허밍 운동'입니다.

기본 허밍 운동

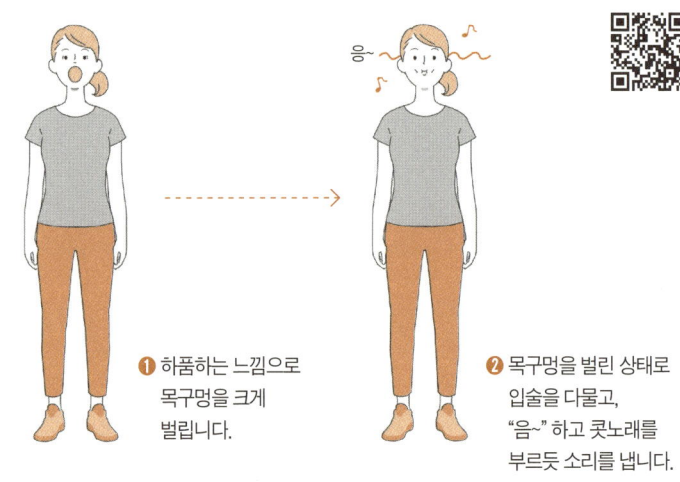

❶ 하품하는 느낌으로 목구멍을 크게 벌립니다.

❷ 목구멍을 벌린 상태로 입술을 다물고, "음~" 하고 콧노래를 부르듯 소리를 냅니다.

응용 1 스페셜 허밍 운동

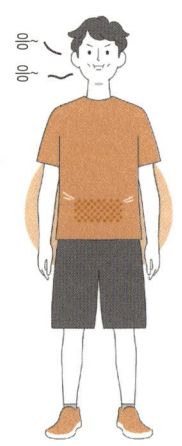

기본 허밍 운동 ②의 상태에서 1초에 1회 아랫배에 힘을 주고 배를 쏙 집어넣으면서 "음~~음~~" 하고 악센트를 붙여 힘차게 소리를 냅니다.

※ 이 운동을 하다 보면 힘 있는 목소리를 내기 위한 복부 근육이 단련됩니다.

응용 2 **오토바이 허밍 운동**

스페셜 허밍 운동 상태에서 '음~' 소리를 내다가 오토바이 엔진소리를 흉내내듯 중간중간 악센트를 붙이거나 소리의 높낮이를 조절하면서 소리를 냅니다.

※ 목소리에 변화를 주면 성대와 그 주변의 긴장을 풀어주는 스트레치 효과를 볼 수 있을 뿐 아니라, 말할 때 표현력이 풍부해지도록 억양을 살리기가 쉽습니다.

이 운동은 다음과 같은 순서로 실시해 주세요.

❶ 허밍 운동

❷ 스페셜 허밍 운동

❸ 오토바이 허밍 운동

예를 들어 아침에 일어나자마자 바로 오토바이 허밍 운동을 하면 목에 힘이 잔뜩 들어가 목이 상할 가능성이 있습니다. 위의 세 가지 운동을 통틀어 1분 정도를 기준으로 하면 됩니다.

이 운동만 꾸준히 한다면 목소리를 크게 내지 않아도 언제든 원활한 발성이 가능합니다. 앞서 언급한 세 가지 모두 입술을 다물고 하는 것이다 보니 큰 목소리를 내지 않고도 매끄러운 발성을 위한 준비가 이루어지는 것이지요. 더구나 장소에도 구애받지 않습니다. 출근 전에 하면 직장에 가서 말을 시작해야 할 즈음에는 맑고 강한 소리를 낼 수 있게 되므로 꼭 해 보세요.

아침부터 맑은 목소리를 낼 수 있는 '허밍 운동'

1. 기본 허밍 운동
❶ 하품하는 느낌으로 목구멍을 크게 벌립니다. 그런 다음 ❷ 목구멍을 벌린 상태로 입술을 다물고, "음~" 하고 콧노래를 부르듯 소리를 냅니다.

2. 스페셜 허밍 운동
기본 허밍 운동 ②의 상태에서 1초에 1회 아랫배에 힘을 주고 배를 쏙 집어 넣으면서 "음~~음~~" 하고 악센트를 붙여 힘차게 소리를 냅니다.

3. 오토바이 허밍 운동
스페셜 허밍 운동 상태에서 '음~' 소리를 내다가 오토바이 엔진소리를 흉내 내듯 중간중간 악센트를 붙이거나 소리의 높낮이를 조절하면서 소리를 냅니다.

듣는 이의 마음을
움직이는 발성법

일전에 컨설팅 일을 하는 지인이 이런 얘기를 하더군요. "얼마 전에 일로 만난 분과 얘기할 일이 있었는데, 제가 말하는 와중에도 무척 졸려 보이더라고… 좀 참는가 싶었는데 마침내 꾸벅꾸벅 졸지 뭐야. 진짜 말할 마음이 싹 사라지더군."

사람을 앞에 두고 꾸벅꾸벅 조는 사람에게 말하고 싶지 않은 마음이 드는 건 당연합니다.

하지만 어쩌면 말하는 사람이 상대방을 졸리게 만들었는지도 모를 일입니다.

위의 사례와 같이 "제가 말만 하면 상대방이 졸린 표정을 지어요.",

"내 말이 지루한지 상대방이 집중을 못하더라고요."라는 고민을 하고 있는 분이 상당히 많습니다.

참고로 저는 조직 내 내부 강사를 양성하는 교육 연수도 진행하고 있습니다. 하지만 최근에는 조직 내에서 진행하는 다양한 연수프로그램에 외부 강사를 초빙하지 않고 내부에서 강사로 활약할 수 있는 인재를 양성하고자 하는 기업이 늘고 있습니다.

이 내부 강사 양성 교육을 받는 분들께 "듣고 싶지 않은 연수 유형을 고르라면 어떤 게 있을까요?"라고 질문했더니 첫 번째가 '졸음을 부르는 연수'라고 대답하더라고요.

졸음을 부르는 원인을 꼽으라면 전문 용어가 많아 도통 무슨 말인지 알 수 없을 때, 관심 없는 주제일 때, 듣기만 해도 두근두근 설레는 정보가 전혀 안 들어 있을 때 등을 들 수 있을 것입니다.

이처럼 '듣고 있으면 잠이 오는 원인'은 음성적 관점에서 보면 '소리의 높낮이에 변화가 없고 단조로운 점'에 있습니다. 지나치게 자신을 낮추는 성향이거나 숫기가 없고, 평소에도 말투가 무덤덤하며 표정 변화가 없는 경우, 거기에 긴장감이 더해지면 더욱더 목소리에 억양이 없는 단조로운 말투가 되기 쉽습니다.

그런데 듣는 사람은 '변화'에 반응합니다. 변화가 있으면 몸을 앞으로 내밀면서까지 관심을 보이지만, 변화가 없으면 무의식적으로 별 반응을 보이지 않죠. 애초에 사람의 집중력은 45분 정도밖에 지속되지 않는다고 합니다. 그렇다고 해서 45분간 쭉 집중하느냐면 딱히 그렇지도 않습니다. 45분간 담담하고 단조로운 이야기에 계속 집중하며 들을 수 있는 사람이 과연 몇이나 될까요.

이야기에 변화를 주려면 '핵심적인 부분'에서는 다음과 같이 말하는 게 중요합니다.

- 큰 목소리로 말한다.
- 천천히 말한다.
- 반복한다.
- 키포인트가 되는 문장 앞뒤로 '간격'을 둔다.

한번 시도해 보세요. 소리의 높낮이에 주의를 기울이면서 다음 문장을 읽어 보세요.

울림 있는 목소리는 상대방의 마음을 움직입니다.
자기 생각이나 감정까지 상대방에게 전달할 수 있습니다.
울림 있는 목소리는 사람의 마음을 공명시킵니다.
울림 있는 목소리로 타인과의 연결고리를 만들어 행복의 순환고리를 넓혀 나가세요.

포인트!
- '울림 있는 목소리'라는 부분을 강조해서 읽어 보세요.
- 본인이 좋아하는 단어를 강조해서 읽어 보세요.

※읽을 때마다 강조할 단어를 바꿔보는 것도 좋습니다.

상대방의 관심을 확실하게 끌어당기고자 한다면 말을 시작하기 전에 먼저 원고를 작성합니다. 그런 다음 강조할 부분은 어디인지, 간격을 둬야 하는 부분은 어디인지를 파악한 후 앞서 서술한 네 가지 포인트에 맞춰 연습하고 나서 실전에 임하면 좋습니다. 그렇게 해서 목소리의 톤이나 억양에 따라 어디가 핵심이 되는 부분인지 알기 쉬워지면, 듣는 사람은 어디가 중요한 부분인지를 쉽게 알 수 있어 메모할 수 있을 뿐 아니라 기억에도 오래 남을 수 있지요.

'듣고 있으면 잠이 오는 원인'은 음성적 관점에서 보면 '소리의 높낮이에 변화가 없고 '단조로운 점'에 있는데, 지나치게 자신을 낮추는 성향이거나 숫기가 없고, 평소에도 말투가 무덤덤하며 표정 변화가 없는 경우, 거기에 긴장감이 더해지면 더욱더 목소리에 억양이 없는 단조로운 말투가 되기 쉽습니다. 이야기에 변화를 주려면 '핵심적인 부분'에서는 다음과 같이 말하는 게 중요합니다.

- 큰 목소리로 말한다.
- 천천히 말한다.
- 반복한다.
- 키포인트가 되는 문장 앞뒤로 '간격'을 둔다.

제스처를 잘 활용하여
목소리의 표현력을 단번에 키우기

억양을 개선하는 데 효과적인 방법이 또 하나 있습니다.

그것은 바로 '**몸짓, 손짓을 크게(과장되게) 하는 것**'입니다.

즉, **제스처를 활용하는 것**이죠. 몸짓, 손짓을 크게 하면 외형이 달라질 뿐만 아니라 '목소리'에도 변화가 생깁니다. 제3장에서 설명한 바와 같이 목소리를 내려면 성대를 비롯하여 횡격막과 복근, 구강과 비강 등 전신을 사용해야 합니다. 이렇게 몸을 움직이면 목소리의 단조로움을 해결할 수 있습니다.

이를 몸소 느껴 볼 수 있도록 제가 운영하는 프레젠테이션 강좌에서는 담담한 어투로 말하는 사람에게 '제스처를 크게 하면서 말하는' 연습을 하게 하고 있습니다. 그 결과 본인이 강조하고자 하는 포인트에서는 자연스레 제스처가 커지더군요.

제스처가 커지면 더불어 가슴을 활짝 편 자세가 되어 폐가 확장되면서 공기가 천천히 흡입됩니다. 그러면 내쉬는 호흡이 증가하여 자연스레 잘 울리는 목소리가 나오게 되지요. 또한 목소리에 강약과 억양이 붙어 말하는 내용이 듣는 사람에게 잘 전달됩니다. 게다가 심신상관의 관점에서 보면 몸을 움직임으로써 경직되었던 마음과 감정까지 활발하게 움직이기 시작하죠. 예를 들어 "이 제품은 정말 대단합니다!"라는 몸짓을 취하면 실제로 그 감정이 자기 안에서 확 커집니다.

이처럼 제스처를 취하면서 말하면 내향적인 성향의 사람이 걸기 쉬운 '자제 브레이크'가 자연스레 해제됩니다. 그러면 대단한 것을 정말로 대단하다고 열의를 담아 전달할 수 있지요. 그래서 설득력이 생기고 상대방의 마음을 움직이는 발표나 연설을 할 수 있게 되어 신뢰를 얻을 수 있는 것입니다.

세계 최고 기업의 경영자들을 보면 대부분 제스처를 취하면서 말합니다. 이는 청중의 눈을 자신에게 집중시키기 위한 퍼포먼스이기도 하지만, 제스처의 힘을 빌려 말하는 사람의 감정을 전하기 위한 기술이기도 합니다.

몸짓, 손짓과 목소리는 연결되어 있습니다. 제스처를 활용하여 '자제 브레이크'를 해제하고 풍부한 감정을 담아 자신이 하고자 하는 말을 전달하면 됩니다.

> 억양을 개선하는 데 효과적인 방법이 또 하나 있습니다. 그것은 바로 '몸짓, 손짓을 크게(과장되게) 하는 것'입니다. 즉, 제스처를 활용하는 것이죠. 몸짓, 손짓을 크게 하면 외형이 달라질 뿐만 아니라 '목소리'에도 변화가 생깁니다.
>
> 제스처를 취하면서 말하면 내향적인 성향의 사람이 걸기 쉬운 '자제 브레이크'가 자연스레 해제됩니다. 그러면 대단한 것을 정말로 대단하다고 열의를 담아 전달할 수 있지요. 그래서 설득력이 생기고 상대방의 마음을 움직이는 발표나 연설을 할 수 있게 되어 신뢰를 얻을 수 있는 것입니다.

긴장을 푸는 요령

과도한 자제와 더불어 '긴장감' 역시 발성에 영향을 미칩니다. 예를 들어 프레젠테이션을 진행하기에 앞서 "아무쪼록 편안한 마음으로 끝까지 들어주시면 감사하겠습니다."라는 인사말로 발표를 시작한 당사자가 누가 봐도 초긴장 상태인 경우가 있습니다. 너무 긴장한 탓인지 표정은 경직되어 있고 목소리는 희미하게 떨리기까지 하지요. 발표하는 중간중간 목소리가 날카로워지거나 갈라져서 듣는 사람마저 긴장하게 만드는 바로 그런 상황 말입니다.

이처럼 말하는 사람이 긴장 상태일 때는 듣는 사람 역시 불안해질 수밖에 없습니다. 무의식적으로 말하는 사람의 긴장감에 공감하기 때문입니다.

우리 뇌 속에는 타인의 행동이나 감정을 마치 자신의 것인 양 느끼도록 하는(공감시키는) '거울 신경Mirror Neuron'이라는 신경세포가 있습니다. 이 신경세포 때문에 듣는 사람은 말하는 사람의 '목소리'에 영향을 받아 점점 긴장하게 되는 것입니다. 이렇듯 긴장감은 전염됩니다. 이와 관련하여 제가 예전에 아나운서가 되려고 공부하던 시절에 들었던 얘기를 소개해 보겠습니다.

"남들 앞에 서려면 긴장하지 마라.
나를 보고 있는 사람들이 긴장하게 될 테니.
남들 앞에 서려면 부끄러워하지 마라.
나를 보고 있는 사람들이 부끄러워하게 될 테니.
보면 안 될 것 같은 기분이 들 수 있으니."

지금 생각해도 정말 맞는 얘기이지 싶습니다. 무심코 외면하고 싶어지는 사람의 말을 신뢰하기는 어렵잖아요. 긴장 상태에서 자신감 없는 목소리로 말하는 사람의 말은 신뢰를 얻지 못합니다.

헛기침하기

그럼 어떻게 하면 긴장감을 풀 수 있을까요? 가장 간단한 방법으로 '헛기침'이 있습니다.

말을 시작하기 전에 가볍게 '흠흠' 거리기만 해도 심장의 두근거림이나 떨림이 진정됩니다. 헛기침은 본래 코나 입을 통해 들어온 공기를 폐로 운반하는 통로인 '기관氣管'에 잘못 들어간 이물질을 제거하기 위한 행위로 질식 위험이 있는 '삼킴 장애'를 예방합니다.

헛기침하면 목구멍이나 기관 등의 긴장이 완화되는데, 기관에 들어간 이물질이 원활하게 제거될 수 있도록 헛기침을 신호로 몸이 자동 조절해줌으로써 편안한 몸 상태를 유지하게 되는 것이지요. 더불어 목구멍이 시원하게 열리면서 긴장으로 인해 잘 나오지 않던 목소리가 편안하게 나오게 됩니다.

내쉬는 숨을 길게 하여 심호흡하기

또한 긴장 해소를 위해 심신의 리듬을 조절하는 방법도 있습니다. 사람은 몸에도 마음에도 리듬이 있는데, 긴장하면 이 심신의 리듬이 빨라집니다. 반대로 편안한 상태에서는 심신의 리듬이 느려지지요.

예를 들어 남들 앞에 서야 하는 상황에서 지나친 긴장감 때문에 곤란한 상황이라면, 긴장으로 인해 빨라진 리듬의 속도를 늦추면 긴장감이 완화되어 심신 모두 편안한 상태가 됩니다. 그렇다면 그 리듬이라는 게 무엇인지 먼저 몸의 리듬에 관해서 설명하겠습니다.

손가락을 손목에 대고 맥을 짚어 보세요.

쿵 쿵 쿵….

손목의 맥박이 안 잡힐 때는 턱 아래 목덜미에서 맥박을 측정합니다. 맥박이 느껴지면 거기에 손가락을 댄 상태로 먼저 숨을 들이마십니다. 더는 들이쉴 수 없을 정도까지 최대한 깊게 들이마신 후 마찬가지로 손가락을 댄 상태에서 숨을 천천히 '후~' 하고 내쉽니다.

이제 한 번 더 해볼까요?

손가락으로 맥박의 속도를 느끼면서 숨을 들이쉽니다. 더는 들이쉴 수 없을 정도까지 갔다면 이번에는 숨을 천천히 '후~' 하고 내쉽니다.

이때 필요한 것이 있습니다. 바로 숨을 들이쉴 때와 내쉴 때의 맥박 속도가 달라지는지 어떤지를 확인하는 것이죠.

들이쉴 때의 맥박은 빨라지고 내쉴 때는 느려집니다. 왜 그런가 하면 호흡과 자율신경이 밀접하게 연결되어 있기 때문입니다. 자율신경은 낮에는 사람을 각성 상태로 만들고 밤에는 편안하게 수면하도록 유도하는 등 인간의 생명 유지에 매우 중요한 역할을 합니다.

이 자율신경에는 교감신경과 부교감신경의 두 가지가 있습니다. 교감신경은 심신을 각성하여 긴장 상태가 되게 하고, 부교감신경은 심신을 편안한 상태가 되게 합니다.

숨을 들이쉬면 교감신경이 활성화되지요. 즉, 심신이 각성하여 긴장 상태가 되므로 맥박이 빨라집니다. 반대로 숨을 내쉬면 부교감신경이 활성화됩니다. 아니 그렇다기 보다는 교감신경이 차단되어 부교감신경만 기능하게 됨으로써 심신이 편안해지면서 안정 상태로 들어가게 되는 것이지요.

많은 사람 앞에 서면 긴장이 되어서 "아~, 심장이 두근거리기 시작했어요!"라는 말이 나오는데, 이때 '두근두근'은 심장의 고동이 빨라지는 것을 말합니다.

심장의 고동은 맥박에 반영되므로 긴장하면 맥박이 빨라집니다. 결과적으로 긴장 상태일 때는 천천히 숨을 내쉬면 심장이 고동하는 속도가 느려져서 마음이 차분해진다는 얘기가 되겠습니다.

마음을 진정시키고 싶으면 심호흡하라는 이유는 바로 이 때문입니다. 그런데 청중 앞에서 발표나 연설을 앞둔 사람들이 호흡을 가다듬는 모습을 유심히 봤더니, 무조건 숨을 가득 들이쉬고는 조금밖에 내쉬지 않는 사람이 놀랍게도 많더군요.

이래서는 편안하기는커녕 긴장감이 커져 더욱 머릿속이 하얘집니다. 말하기에 앞서 긴장감 해소를 위해 심호흡하는 방법은 효과적이기는 하나, 그때는 들이쉬는 숨보다 내쉬는 숨을 길게 천천히 다 내쉬는 것이 중요합니다. 긴장감을 완화하려면 숨을 천천히 길게 내쉬는 심호흡을 명심하세요.

손가락 끝과 손바닥으로 천천히 리듬 타기

이번에는 마음의 리듬에 관해서 설명하겠습니다. 자기 마음의 리듬을 알려면 주로 쓰는 손의 검지를 이용합니다. 그러면 실제로 해볼까요?

주로 쓰는 손의 검지로 책상 위를 탁탁 두드려 보세요. 책상을 계속 두드리면서 다음과 같은 이미지를 그려 봅니다.

당신은 오전 업무를 마치고 점심을 먹기 위해 파스타 가게로 들어갔습니다. 메뉴를 보고 먹고 싶은 음식을 골라 주문을 마쳤습니다. 그런데 10분, 15분이 지나도록 주문한 음식이 나오질 않네요. "이상하네!"라며 무심코 옆 테이블을 슬쩍 봤더니 분명 자신보다 늦게 주문했는데 음식이 먼저 나와 있는 게 아니겠습니까?

시계를 보니 점심시간이 15분밖에 안 남았어요.

"뭐야, 점심시간이 다 끝나가잖아!"

자, 책상을 톡톡 두드리던 손가락의 속도가 어땠나요?

아마도 두드리는 속도가 점점 빨라졌을 겁니다. 이처럼 초조하거나 중압감을 느끼거나 또는 긴장감이 높아지면 마음의 속도가 점점 빨라집니다.

마음 상태가 손가락에 반영된 것이지요. 무슨 말이냐면 손가락 끝으로 마음을 유도할 수 있다는 의미입니다.

손가락 끝으로 책상을 두드리는 자신의 평상시 속도를 파악한 후, 남 앞에서 말할 기회가 생겼을 때 위와 같은 방법으로 손가락의 속도를 확인해 보세요.

서 있어야 할 때는 팔을 아래로 뻗어 손바닥으로 허벅지 옆쪽을 두드리는 방법도 있습니다. 긴장감이 높아질수록 속도는 빨라집니다.

속도가 매우 빠르다면 굉장히 긴장한 상태이므로, 그때는 **두드리는 속도를 서서히 늦춰보세요.** 그러면 마음이 차분해지고 편안해집니다.

사실 우리는 이 리듬 속도를 조절하면 긴장감이 완화된다(감정 조절)는 사실을 본능적으로 알고 있습니다. 예를 들어 심하게 우는 아기를 달랠 때 엄마는 어떻게 할까요? 아기 등을 토닥토닥 두드리며 아기가 진정할 수 있도록 리듬을 조절합니다. 누가 가르쳐 주지 않아도 아기 울음소리가 심해질수록 토닥거리는 속도가 빨라지지요. 그러다 울음소리가 누그러지면 토닥이는 속도도 서서히 느려집니다. 그러는 사이에 아기도 차츰 안정을 되찾아 울음을 그칩니다.

다시 한번 말하지만, 우리는 손가락이든 손바닥이든 신체가 마음의 리듬과 연결되어 있다는 사실을 알고 있습니다. 아기를 달래는 것과 같은 방법을 긴장한 자기 자신에게 대응시켜 마음의 안정을 되찾으면 됩니다.

이처럼 심신 모두의 리듬을 조절함으로써 과도한 긴장감을 풀 수가 있는 것이죠. 남 앞에서 말하기 전에 숨을 크게 천천히 내쉬면서 손가락이나 손바닥으로 리듬을 타다가 서서히 속도를 줄여 보세요. 이 방법을 3회 정도 반복하면 과도한 긴장감이 해소된 상태에서 말을 시작할 수 있습니다. 꼭 실행해 보시길 바랍니다.

긴장을 푸는 요령

1. 헛기침하기

말을 시작하기 전에 가볍게 '흠흠' 거리기만 해도 심장의 두근거림이나 떨림이 진정됩니다. 헛기침하면 목구멍이나 기관 등의 긴장이 완화되는데, 기관에 들어간 이물질이 원활하게 제거될 수 있도록 헛기침을 신호로 몸이 자동 조절해줌으로써 편안한 몸 상태를 유지하게 되는 것이지요. 더불어 목구멍이 시원하게 열리면서 긴장으로 인해 잘 나오지 않던 목소리가 편안하게 나오게 됩니다.

2. 내쉬는 숨을 길게 하여 심호흡하기

말하기에 앞서 긴장감 해소를 위해 심호흡하는 방법은 효과적이기는 하나, 그때는 들이쉬는 숨보다 내쉬는 숨을 길게 천천히 다 내쉬는 것이 중요합니다. 긴장감을 완화하려면 숨을 천천히 길게 내쉬는 심호흡을 명심하세요.

3. 손가락 끝과 손바닥으로 천천히 리듬 타기

손가락 끝으로 책상을 두드리는 자신의 평상시 속도를 파악한 후, 남 앞에서 말할 기회가 생겼을 때 위와 같은 방법으로 손가락의 속도를 확인해 보세요. 서 있어야 할 때는 팔을 아래로 뻗어 손바닥으로 허벅지 옆쪽을 두드리는 방법도 있습니다. 긴장감이 높아질수록 속도는 빨라집니다. 속도가 매우 빠르다면 굉장히 긴장한 상태이므로, 그때는 두드리는 속도를 서서히 늦춰보세요. 그러면 마음이 차분해지고 편안해집니다.

상대방에게 안심감을 주는 목소리는 깊은 호흡을 통해서 나온다

"상대방을 안심시키는 목소리는 어떻게 하면 낼 수 있을까요?"

이 질문은 제가 운영하는 말하기 강좌에 참여했던 여성 요가 강사님의 질문인데요. 요즘은 요가 수업 시간에 유도 명상 같은 것을 진행하는 사례가 많다고 하더군요. 상대방을 편안한 명상 상태로 유도하기 위해서는 사실 안심감을 주는 차분한 목소리가 효과적입니다.

왜냐하면 인간에게는 거울 신경이라는 신경세포가 있어서 호흡이 얕고 가쁜 음성을 듣게 되면 그 숨 가쁨이 상대방에게도 전이되기 때문입니다. 그런 목소리라면 왠지 불안해서 명상에 빠져들기 힘들지 않을까요?

안심감을 주는 목소리에 필요한 것은 여유롭고 깊은 호흡입니다. 호흡이 깊어지면 목청이 트이면서 목소리 톤이 좋아지죠. 숨 막힐듯한 답답함이 사라집니다. 한마디로 느긋하니 여유가 있는 그런 느낌이랄까요.

호흡이 깊어지고 목구멍이 확장되게 하는 쉬운 방법으로는 '하품'이 있습니다. 하품할 때는 목구멍이 크게 벌어집니다.

심리상담, 허브 치료, 코칭, 콜센터 등과 같이 대면 또는 전화상담 업무를 하는 사람들은 고객 응대에 앞서 이러한 방법으로 목을 풀어두는 것도 좋습니다. 목소리 톤만으로도 상대방을 안정시켜 고민 해결에 도움을 줄 수가 있거든요.

치료사 등 심신의 긴장을 풀어주는 일에 종사하는 분들이 꼭 알아두었으면 하는 게 있습니다. 바로 '배음倍音'이라는 것인데요.

배음은 간단히 말하면 몇 가지 음이 섞인 복합음을 말합니다. 섞여 있는 소리의 궁합이 좋아 귀에 안정적으로 들리는 것이 배음의 특징이지요. 예를 들어 어떤 악기의 '도' 음과 그보다 한 옥타브 높은 음계의 '도'는 배음 관계로 동시에 소리를 내도 위화감 없이 깔끔하게 들립니다.

이 배음이 풍부한 소리는 윤곽이 뚜렷하여 밝고 시원시원하죠. 그렇다 보니 사람들은 배음이 풍부한 목소리를 선호하는 경향이 있는 듯합니다.

배음 섞인 목소리를 들으면 듣는 사람의 뇌파에는 깊은 명상 상태일 때 흔히 나타나는 세타파가 많이 나온다고 하는데요. 다시 말해, 매우 편안한 상태에서 몽롱한 상태로 빠지게 되는 것이지요.

사실 돌고래 울음소리에는 '고주파 배음'이 섞여 있어 실제로 울음소리를 들으면 힐링이 되는 것으로 밝혀졌습니다.

물론 사람 목소리에도 배음이 포함되어 있습니다. 그런 사람의 목소리는 듣는 사람에게 마음의 평안을 가져다줍니다. 유명 가수나 배우 중에도 따뜻하고 안심감을 주는 배음이 풍부한 목소리를 가진 사람들이 있거든요.

배음을 의도적으로 목소리에 담으려면 내쉬는 호흡량을 많게 해서 살짝 한숨을 내쉬듯 발성하는 것이 핵심입니다.

꼭 시도해 보세요.

> 안심감을 주는 목소리에 필요한 것은 여유롭고 깊은 호흡입니다. 호흡이 깊어지면 목청이 트이면서 목소리 톤이 좋아지죠. 숨막힐듯한 답답함이 사라집니다. 치료사 등 심신의 긴장을 풀어주는 일에 종사하는 분들이 꼭 알아두었으면 하는 게 있습니다. 바로 '배음倍音'이라는 것인데요. 배음은 간단히 말하면 몇 가지 음이 섞인 복합음을 말합니다. 섞여 있는 소리의 궁합이 좋아 귀에 안정적으로 들리는 것이 배음의 특징이지요. 배음은 마음의 평안을 가져다줍니다. 배음을 의도적으로 목소리에 담으려면 내쉬는 호흡량을 많게 해서 살짝 한숨을 내쉬듯 발성하는 것이 핵심입니다.

'내쉬는 숨'으로
목소리의 인상을 바꿀 수 있다

"사람들 눈에는 제가 무섭게 보이나 봐요. 내 인상이 좀 그런가요?"

"난 전혀 그럴 생각이 없는데 위압감이 느껴지나 봐요."

위와 같은 고민을 껴안고 있는 분들도 있을 텐데요. 이런 분들과 직접 대화를 나눠보면 대체로 목소리의 압력이나 말끝의 소리가 강하고 단도직입적인 말투에 단호한 경향이 있기는 합니다.

물론 본인은 전혀 그럴 의도가 아니겠지만, 상대방은 '왠지 모르게 무섭다. 가까이 가지 않는 편이 좋을 것 같다'라고 생각하며 거리를 두려고 하겠죠. 얘기를 나눠보면 정말 상냥하고 좋은 사람인데 '목소리 때문에 손해 보는 타입'이구나 싶습니다.

'목소리의 압력이 강하다'는 것은 내쉬는 숨에 힘이 너무 들어가 있다는 말입니다. 무서운 인상을 부드럽게 바꾸려면 목소리 압력을 약하게 하면 좋습니다. 강하게 전달해야 할 때는 내쉬는 숨을 강하게, 그렇지 않은 장면에서는 내쉬는 숨을 부드럽고 평온하게 하면 되죠.

이러한 감각을 익히면 자유자재로 목소리의 인상을 강하게도 약하게도 조절할 수 있습니다.

> 목소리의 압력이나 말끝의 소리가 강하고
> 단도직입적인 말투에 단호한 경향이 있다면
> 목소리 때문에 손해 보는 타입'이구나 싶습니다.
> '목소리의 압력이 강하다'는 것은 내쉬는 숨에
> 힘이 너무 들어가 있다는 말입니다. 무서운 인상을 부드럽게
> 바꾸려면 목소리 압력을 약하게 하면 좋습니다.

온라인 대화의 핵심

요즘은 줌Zoom이나 스카이프Skype와 같은 온라인 커뮤니케이션 도구를 활용하는 경우가 많아지고 있습니다. 화상회의, 온라인 세미나, 동영상을 찍어 공유하는 기회가 많아지고 있죠.

이러한 온라인 세미나 또는 동영상 등을 통해 말하는 사람들의 목소리를 들을 때마다 종종 드는 생각이 있는데요. 그것은 다름 아니라 '소곤거리듯 작고 낮은 목소리로 말해서인지 자신감이 없어 보인다는 것'입니다. 온라인으로 소통할 때도 대면 소통 때와 마찬가지로 일단은 감동 보이스를 사용해 당당하게 말하는 것이 중요합니다.

온라인 커뮤니케이션에는 한 가지 함정이 있습니다. 컴퓨터 화면이나 스마트폰 화면을 통해 상대방 얼굴을 볼 수 있다 보니 커뮤니케이션 상대가 바로 곁에 있다는 감각으로 말하기 쉽다는 점이지요. 하지만 사실 온라인 대화에서의 목소리는 컴퓨터나 스마트폰 등 기계의 음성 입력 장치를 통해 입력된 소리가 전파를 타고 상대방의 컴퓨터나 스마트폰의 음성 출력 장치를 통해 나오는 것일 뿐, 물리적으로도 자신과 상대방 사이에는 거리가 있습니다.

대화 상대가 바로 눈앞에 있는 것 같은 감각으로 내는 목소리는 아무래도 작을 수밖에 없어, 전달이 어려울 뿐 아니라 약하디약한 인상을 남깁니다.

이를 해결하려면 온라인을 통해 대화할 때는 분명한 어조로 크게 말해야 합니다. 온라인 대화 시에는 보통 상대방의 얼굴이 보이는 상태에서 말하는 경우가 많을 텐데요, 그 상대방의 머리 위 너머를 의식하면서 소리 내어 말해 보세요. 그러면 또렷한 목소리가 상대방에게 잘 전달됩니다.

또한 동영상 속 말하는 사람을 관찰하면 시선이 약하고 흐릿한 표정에 단조로운 목소리로 무덤덤하게 말하는 사람이 많은 것 같습니다. 그 이유는 눈앞에 아무도 없다 보니 듣는 사람을 의식할 필요가 없어서 목소리나 말투에 감정이 실리지 않아 그런 게 아닐까 싶네요.

일단은 카메라 너머에 듣는 사람이 있다고 생각하면서 의식적으로 카메라를 쳐다보며 말하는 것이 중요합니다.

저는 콜센터 상담원을 대상으로 하는 커뮤니케이션 연수를 진행하기도 하는데, 그때마다 "전화 통화 시에는 직접 얼굴 보며 말할 때보다 두 배 정도 큰 목소리로 강약을 조절하면서 감정을 담아 말해야 합니다."라고 강조합니다.

얼굴 보며 말할 때는 표정과 같은 시각적 요소도 더불어 사용할 수 있지만, 전화는 음성만으로 이루어지는 세계이므로 시각적 요소를 사용할 수가 없습니다. 목소리 톤에 감정을 확실히 싣지 않으면 상대방에게 생각이나 감정이 전해지기 어려우므로 풍부한 감정과 더불어 억양을 살리면서 말하는 것이 중요합니다.

> 온라인을 통해 대화할 때는 분명한 어조로 크게 말해야 합니다.
> 온라인 대화 시에는 보통 상대방의 얼굴이 보이는 상태에서
> 말하는 경우가 많을 텐데,
> 그 상대방의 머리 위 너머를 의식하면서 소리 내어 말해 보세요.
> 그러면 또렷한 목소리가 상대방에게 잘 전달됩니다.

미소는
커뮤니케이션의 기본

지금까지 감동 보이스를 구사하기 위한 기술을 소개해 봤습니다. 필요한 기술이나 기교를 확실히 익혀 마음껏 활용하면 좋겠습니다. 하지만 그전에 반드시 확인해야 할 핵심 사항이 있습니다.

여러분은 말할 때 본인이 어떤 표정을 짓는지 알고 계시나요? 저는 지금까지 강좌, 세미나, 기업 연수 등을 통해 수강자들에게 모의 프레젠테이션을 진행하도록 하고 그 모습을 촬영한 후 당사자에게 보여 주는 일을 수도 없이 해왔습니다.

그때마다 제가 "지금부터 말하는 모습을 영상으로 찍겠습니다."라고 말하면 거의 모든 수강자가 곤란하다는 표정을 지으며 "제발 그러지 마세요!"라고 말합니다.

왠지 좋지 않은 예감이 드나 봅니다(^^).

아무튼 촬영한 영상을 통해 자기모습을 본 수강자들이 가장 많이 하는 말은 "어! 제가 웃고 있질 않네요."라는 것입니다. 본인은 자신이 미소 띤 얼굴로 말한다고 생각했을 텐데, 막상 영상을 확인하면 웃고 있지 않은 거죠.

다시 말해 **자신이 생각하는 모습과 상대방이 보는 모습 사이에 차이가 있다는 말입니다.** 그중에는 "제가 왜 이렇게 무서운 표정으로 말하는 걸까요?"라며 깜짝 놀라는 사람도 있습니다.

안 웃으면 결국 본인만 손해입니다. 한 연구에 따르면 **'대화 중의 무심한 미소에는 정보 송수신 속도, 용량, 친화성을 완전히 바꿔놓는 효과가 있다'**고 합니다. 이는 웃는 표정으로 말하면 정보가 신속하고 정확하게 전달되어 상대방과의 심리적 거리감이 확 가까워진다는 뜻이기도 하지요.

물론 말의 내용과 상대방, 상황에 적합한 표정이 무엇보다 중요하지만, '인상이 좋고 친근감이 느껴지며 상대방이 받아들이기 쉬운 표정'이라고 하면 **뭐니 뭐니 해도 웃는 얼굴이 기본이죠.**

이처럼 표정은 바로 커뮤니케이션의 시작입니다. 굳이 말로 하지 않아도 미소 띤 표정 자체가 '환영합니다Welcome'를 뜻하잖아요. 다소 극단적으로 말하자면 뚱한 표정에는 '노No'의 메시지가 담겨 있어서 관계를 멀어지게 합니다.

그러므로 상대방의 마음을 열고, 상대방을 이해시키고자 한다면 자기 얼굴에 미소가 묻어나는지 아닌지를 먼저 점검해 보는 것이 좋습니다.

이때 **중요한 것은 '객관적으로 누가 봐도 웃는 얼굴'이어야 한다는** 점입니다. 자신이 말하는 모습을 영상으로 찍어 직접 확인하면 도움이 되실 겁니다. 그렇게 해야 자신이 하고자 하는 말을 상대방에게 분명하게 전달할 수 있거든요.

말의 내용과 상대방, 상황에 적합한 표정이 무엇보다 중요하지만, '인상이 좋고 친근감이 느껴지며 상대방이 받아들이기 쉬운 표정'이라고 하면 뭐니 뭐니 해도 웃는 얼굴이 기본이죠.

표정은 바로 커뮤니케이션의 시작입니다. 굳이 말로 하지 않아도 미소 띤 표정 자체가 '환영합니다 Welcome'를 뜻하잖아요.

상대방의 마음을 사로잡는

전달법

그 사람 말은
왜 이렇게 와닿지 않는 것일까?

이 책의 마지막인 이번 장에서는 상대방의 마음을 사로잡는 전달법에 관해서 소개하겠습니다. 감동 보이스로 끌어당긴 사람의 마음을 붙잡으려면 상대방이 쉽게 이해할 수 있는 말투와 단어 선택이 중요합니다. 즉, 알아듣기 쉬워야 한다는 뜻입니다.

하지만 대개의 사람이 상대방이 이해하기 쉽게 전달하는 방법을 모르는 듯합니다. 그러므로 쉽게 이해할 수 있는 전달법을 알고 그것을 실천하기만 해도 일과 인간관계 모두 좋아지겠지요. 그러면 이제 상대방이 쉽게 이해할 수 있도록 전달하기 위한 핵심을 짚어 볼까요?

초면인 사람을 만났을 때 맨 처음 하는 것은 자기소개입니다. 개인적으로든 업무적으로든 처음 보는 사람을 만나면 으레 자기소개를 하게 됩니다. 누구나 지금까지 살아오면서 수백수천 번 넘게 자기소개라는 걸 해봤을 텐데요. 저 역시도 세미나든 강좌든 무언가를 시작할 때는 반드시 자기소개부터 시작합니다. 지금까지 봐온 자기소개 중 가장 많은 유형이 다음과 같은 것이었습니다.

> 안녕하세요. ○○○라고 합니다.
>
> 으음. 오늘 여기까지 오는 데 40분 정도 걸리더군요. 지하철을 두 번 갈아타고 왔습니다.
>
> 저는 마사지 일을, 그러니까~ 정말로 오랫동안 해왔는데, 마사지업이 요즘처럼 많이 보급되기 전부터 인체 구조에 관한 공부를 위해 여기저기 찾아다니며 배우기도 하고, 특히 근막 유착과 관련해서는 많이 알아보고 공부해서 시술도 하고 있을 정도로 누구에게도 뒤지지 않을 만큼의 실력을 갖췄다고 자부합니다만, 요즘은 규모가 좀 되는 강연회에 초대받아 강의도 하면서 일의 폭이 넓어졌구나~ 라는 생각을 하고 있습니다.
>
> 오늘은 한층 더 활동의 폭을 … 아무쪼록 잘 부탁드립니다.

어떤가요? 말에 두서가 없고 횡설수설하는 느낌이라 무슨 말을 하려는 건지 알 수가 없다는 생각이 들지는 않는지요?

참고로 첫인상이 결정되는 데 걸리는 시간은 3~5초에 불과하다고 합니다. 그 첫인상은 약 7년 정도 이어진다고 해요.

처음 만나서 가장 먼저 하는 자기소개로 상대방에게 부정적인 인상을 심어주게 되면 그 후 약 7년간은 부정적인 인상이 계속 남아 있을 수도 있다는 말인데 좀 무섭지 않나요?

그건 그렇고 위의 사례와 같은 자기소개에서는 어떤 문제가 있을까요? 혹시 눈치채셨나요? 문제점은 네 가지입니다.

첫 번째는 **한 문장이 길다**는 점이지요. 장황하게 이어져서 어디서 끊으면 좋을지 알 수 없는 말은 내용을 이해하기가 어렵습니다. 즉, 상대방에게 제대로 전달이 안 됩니다.

두 번째는 **표현이 매우 추상적**입니다. 예를 들어 '마사지 일을 오랫동안 해왔다'라는 문장에서 '오랫동안'은 구체적으로 어느 정도를 말하는 것일까요? 5년 아니면 10년 그도 아니면 20년?, 이 척도는 듣는 사람에 따라 다를 수 있습니다. 표현이 추상적이면 듣는 사람은 각자의 느낌대로 해석하게 됩니다.

세 번째로는 **업계 전문 용어를 사용하고 있다**는 점을 들 수 있겠네요. '근막 유착'이라는 전문 용어는 업계 종사자가 아닌 사람은 모를 수도 있습니다. 모르는 얘기는 듣는 사람에게 큰 스트레스로 다가옵니다.

네 번째는 **듣는 사람에게 불필요한 정보가 담겨 있다**는 점입니다. 예를 들어 자동차 등 교통수단 혹은 교통과 관련된 정보에 관심이 많은 사람이 아니고서는 누가 뭘 타고 왔는지 시간이 얼마나 걸렸는지 보통은 궁금해 하지 않습니다. 그리고 '으음', '그러니까~'와 같은 음성적 잉여 표현, 즉 군더더기 말은 지양하는 것이 좋습니다.

와닿지 않는 자기 소개의 전형적인 예

첫 번째는 한 문장이 길다는 점입니다. 장황하게 이어져서 어디서 끊으면 좋을지 알 수 없는 말은 내용을 이해하기가 어렵습니다.

두 번째는 표현이 매우 추상적입니다. 표현이 추상적이면 듣는 사람은 각자의 느낌대로 해석하게 되므로 주의해야 합니다.

세 번째로는 업계 전문 용어를 사용한다는 점입니다. 전문 용어는 업계 종사자가 아닌 사람은 모를 수도 있습니다. 모르는 얘기는 듣는 사람에게 큰 스트레스로 다가옵니다.

네 번째는 듣는 사람에게 불필요한 정보가 담겨 있다는 점입니다. '으음', '그러니까~'와 같은 음성적 잉여 표현, 즉 군더더기 말은 지양하는 것이 좋습니다.

의식의 매개체를
듣는 이에게 향하도록 하자

위와 같이 여러 문제점을 살펴봤습니다. 그렇다면 혹시 또 다른 문제점을 발견하셨나요?

앞서 소개한 자기소개에는 듣는 사람, 즉 듣는 사람이 존재하지 않는다는 문제점이 있습니다.

무슨 의미냐면 듣는 사람이 무엇을 궁금해 할지, 어떻게 말해야 쉽게 이해할 수 있을지, 어떤 말투여야 흥미를 끌 수 있을지 등 듣는 사람에 대한 배려 없이 일방적으로 말하고 있다는 점입니다. 듣는 사람의 존재가 무시되었다는 얘기입니다. 그렇다면 왜 듣는 사람에 대한 배려 없이 말하게 되는 것일까요?

그 이유는 말하는 사람의 의식의 매개체가 모두 자기 자신을

향하고 있기 때문입니다. 저는 지금까지 운영해 온 말하기 강좌나 기업 연수 등을 통해 많은 사람의 자기소개를 들어 봤습니다. 그 대부분의 자기소개는 "나는 이렇게나 대단하다.", "나는 이런 자격을 가지고 있다."라는 식으로 온통 자기 얘기뿐입니다.

하지만 그런 얘기를 들어야 하는 입장에서는 피로감이 느껴져서 "이제 당신 얘기는 충분합니다. 그만해도 되겠어요."라고 말하고 싶어지죠.

쉬는 날 마음 맞는 친구를 만나 수다를 떠는 상황이라면 자기 자랑을 하든 뭘 하든 전혀 상관없지만, 처음 보는 상대방의 마음을 사로잡으려면 절대로 해서는 안 되는 일입니다.

사람은 누구나 자기 자신에게 관심이 많습니다. 듣는 사람 역시 그 누구보다 자기 자신에게 관심이 더 많지요.

그렇기에 누군가가 제공하는 정보가 듣는 사람이 쉽게 이해할 수 있는 내용인지, 흥미가 도는 내용인지, 장점은 무엇인지 등에 관심을 보이게 됩니다. 그러므로 정보를 제공할 때는 그런 점에 주의하는 것이 좋습니다.

애초에 커뮤니케이션이 성립되려면 발신자와 수신자가 있어야 합니다. 일방적인 발신은 커뮤니케이션이라고 할 수 없습니다. 듣는 사람이 받아들이기 쉽도록 전달했을 때 비로소 커뮤니케이션은 성립하지요. 즉, 듣는 사람을 생각해서 정보를 발신하는 것이 기본입니다.

아무리 감동 보이스로 사람의 마음을 끌어당겼다 해도 수신자를 생각하지 않고 발신한다면 결국 외면당하게 마련입니다.

> 사람은 누구나 자기 자신에게 관심이 많습니다.
> 듣는 사람 역시 그 누구보다 자기 자신에게 관심이 더 많지요.
> 그렇기에 누군가가 제공하는 정보가 듣는 사람이
> 쉽게 이해할 수 있는 내용인지, 흥미가 돋는 내용인지,
> 장점은 무엇인지 등에 관심을 보이게 됩니다.
> 그러므로 정보를 제공할 때는 그런 점에 주의하는 것이 좋습니다.

남들 앞에서 말할 때의 다섯 가지 핵심 사항

그럼 어떤 식으로 말해야 듣는 사람이 쉽게 이해하고 받아들일까요? 먼저 말할 때는 듣는 사람이 쉽게 이해할 수 있는지, 즉 '이해의 용이성'을 의식해야 합니다. 이때 중요한 다섯 가지 포인트가 있습니다.

① 한 문장을 짧게 해서 말하기

긴 문장은 듣는 사람에게 잠시도 생각할 틈을 주지 않습니다. 그러면 듣는 사람은 말하는 사람이 무슨 말을 하고 싶어 하는지 이해를 못하게 됩니다. 그러므로 긴 문장은 되도록 마침표로 단락지어 짧게 하는 것이 좋습니다. 말할 때는 문장이 끝나는 부분에서 의식적으로 잠시 쉬어가도록 합니다.

✗ 마사지 일을, 그러니까 정말로 오랫동안 해왔는데, 마사지업이 요즘처럼 많이 보급되기 전부터 인체 구조에 관한 공부를 위해 여기저기 찾아다니며 배우기도 하고,

⇩

○ 마사지 일을 정말로 오랫동안 해왔습니다. 마사지업이 요즘처럼 많이 보급되기 전에 시작했지요. 그리고 인체 구조에 관한 공부를 위해 여기저기 찾아다니며 배웠습니다.

위와 같이 수정하면 좋겠습니다. 마침표는 접속어로 문장이 이어지는 부분에 찍습니다. 실제로 말하다 보면 '~해서, ~한데'와 같이 문장을 연결하는 접속어를 사용하는 경향이 많은데요. 그러지 말고 과감히 마침표를 찍어보세요. 그러면 한 문장에 하나의 내용(정보)만 담긴 '알기 쉽고 읽기 쉬운' 문장을 작성할 수 있습니다.

② 추상적 표현은 구체적으로 바꾸기

추상적인 표현이 많으면 구체적이지 않아서 설득력이 떨어집니다. 더구나 듣는 사람에 따라 해석이 달라질 수 있으므로 "제가 들은 말과는 다른데…"와 같은 문제의 소지가 생길 수 있습니다. 따라서 막연하고 추상적인 표현을 분명하고 구체적인 표현으로 바꿔 주면 듣는

사람이 이해하기 쉬운 더욱 설득력 있는 내용이 될 수 있습니다.

> ✗ 마사지 일을, 그러니까 정말로 오랫동안 해왔는데, 마사지업이 요즘처럼 많이 보급되기 전부터 인체 구조에 관한 공부를 위해 여기저기 찾아다니며 배웠고,
>
> ⇩
>
> ○ 마사지 관련 일을 약 20년간 해왔는데, 마사지업이 요즘처럼 많이 보급되기 전에 시작했습니다. 인체 구조에 관한 공부를 위해 마사지 교육학원이나 협회에서 주관하는 강습회를 찾아다니며 배웠습니다.

이처럼 추상적으로 표현한 부분을 숫자 등 구체적인 표현으로 바꿔 주면 청자는 내용을 쉽게 이해할 수 있습니다.

③ 전문 용어는 사용하지 않기

듣는 사람이 이해하기 어려울 것으로 생각되는 부분은 잘 풀어서 설명하거나 부연 설명을 덧붙이는 것이 좋습니다. 본인에게는 당연한 일이지만 상대방에게는 당연한 일이 아닐 수 있음을 항상 의식해야 합니다.

✗ 근막 유착과 관련해서는 많이 알아보고 공부해서…

⇩

○ 어깨결림이나 목 통증의 원인이 되는 근막 유착과 관련해서는 많이 알아보고 공부해서…

④ 불필요한 정보는 담지 않기

듣는 사람에게 불필요한 정보는 빼는 게 좋습니다. 그렇게만 해도 말하고자 하는 내용이 잘 전달됩니다.

✗ 으음. 오늘 여기까지 오는 데 40분 정도 걸리더라고요. 지하철을 두 번 갈아타고 왔습니다.
저는 마사지 일을, 그러니까~ 정말로 오랫동안 하고 있는데, 마사지업이 요즘처럼 많이 보급되기 전부터 인체 구조에 관한 공부를 위해 여기저기 찾아다니며 배웠고…

⇩

○ 저는 마사지 일을 오래 해왔습니다. 인체 구조에 관한 공부를 위해 여기저기 찾아다니며 배웠고…

⑤ 말끝을 흐리지 않고 종결어미까지 확실하게 말하기

끝까지 말하지 않아도 느낌상 이해하겠거니 해서 종결어미를 말하지 않고 말끝을 흐리게 되면 무슨 말을 하려는 건지 알기 어렵고, 무책임한 인상을 남기기도 합니다. 그러므로 종결어미는 확실하게 말해야 합니다.

× '일의 폭이 넓어졌구나~'라는 생각을 하고 있습니다.
  오늘은 한층 더 활동의 폭을 … 아무쪼록 잘 부탁드립니다.

⇩

○ 일의 폭이 한층 더 넓어졌음을 느낍니다.
  오늘은 더욱더 활동의 폭을 넓히고자 하는 마음으로 배우러 오게 되었습니다. 아무쪼록 잘 부탁드립니다.

지금까지 소개한 다섯 가지 포인트를 담아 자기소개를 하자면 다음과 같습니다.

> 안녕하세요. ○○○라고 합니다.
> 저는 마사지 일을 약 20년간 해왔습니다. 인체 구조에 관한 공부

> 를 위해 마사지 교육학원이나 협회에서 주관하는 강습회도 찾아다
> 니며 배웠습니다. 어깨결림이나 목 통증의 원인이 되는 근막 유착
> 과 관련해서도 많이 알아보고 공부해서 시술도 하고 있지요. 이 점
> 은 누구에게도 뒤처지지 않는 저만의 강점이라고 할 수 있습니다.
> 　얼마 전에는 수백 명이 참가한 강연회에 초대받아 마사지를 주
> 제로 이야기하기도 했습니다. 그렇다 보니 일의 폭이 한층 더 넓어
> 졌음을 느낍니다.
> 　오늘은 더욱더 활동의 폭을 넓히고자 하는 마음으로 배우러 오
> 게 되었습니다.
> 　아무쪼록 잘 부탁드립니다.

　위와 같이 깔끔하고 명료한 문장이라면 듣는 사람도 쉽게 이해할 수 있습니다. 이처럼 포인트에 따라 이야기를 정리하려면 자신이 말하고자 하는 내용을 글로 적어 점검해 보는 게 좋습니다.

　"번거롭게 뭘 그렇게까지 해요."라는 말이 여기저기서 튀어나올 것 같습니다만, 다섯 가지 포인트를 익힐 때까지는 그렇게 하라고 권하고 싶네요. 왜냐하면 문장을 작성하여 읽고 다듬기를 반복하다 보면 자신의 정보 전달 습관을 알 수 있게 되거든요.

자신이 발신하는 정보에 무엇이 부족한지, 반대로 무엇이 과한지를 알게 되면 정보 발신이 원활해질 뿐 아니라 상대방이 이해하기도 쉬워집니다.

정해진 시간 내에서는 정보량이 적으면 적을수록 더욱 잘 전달되지요. 그러므로 말로 하기 전에 이왕이면 내용을 글로 써서 다듬은 후 정보량을 적절하게 줄이는 것이 좋습니다.

듣는 사람이 쉽게 이해할 수 있는 다섯 가지 포인트

1. 한 문장을 짧게 해서 말하기

문장은 되도록 마침표로 단락지어 짧게 하는 것이 좋습니다. 말할 때는 문장이 끝나는 부분에서 의식적으로 잠시 쉬어가도록 합니다.

2. 추상적 표현은 구체적으로 바꾸기

추상적인 표현이 많으면 구체적이지 않아서 설득력이 떨어집니다. 추상적으로 표현한 부분을 숫자 등 구체적인 표현으로 바꿔 주면 청자는 내용을 쉽게 이해할 수 있습니다.

3. 전문 용어는 사용하지 않기

듣는 사람이 이해하기 어려울 것으로 생각되는 부분은 잘 풀어서 설명하거나 부연 설명을 덧붙이는 것이 좋습니다. 본인에게는 당연한 일이지만 상대방에게는 당연한 일이 아닐 수 있음을 항상 의식해야 합니다.

4. 불필요한 정보는 담지 않기

듣는 사람에게 불필요한 정보는 빼는 게 좋습니다. 그렇게만 해도 말하고자 하는 내용이 잘 전달됩니다.

5. 말끝을 흐리지 않고 종결어미까지 확실하게 말하기

끝까지 말하지 않아도 느낌상 이해하겠거니 해서 종결어미를 말하지 않고 말끝을 흐리게 되면 무슨 말을 하려는 건지 알기 어렵고, 무책임한 인상을 남기기도 합니다.

말하는 순서를
의식하기

또 하나 의식해야 할 점은 '말하는 순서'입니다. 먼저 다음 글 Ⓐ와 Ⓑ를 비교하면서 읽어 볼까요?

> Ⓐ 이세신궁은 청명한 이른 아침 참배를 하러 가는 길의 굵은 자갈을 밟는 소리와 나무 사이로 들려오는 새들의 지저귐에 마음이 정화되는데, 일본 3대 신궁의 하나로 꼽히며 125개의 크고 작은 궁과 신사로 이루어져 있습니다.
>
> 토바 수족관은 바다코끼리 공연으로 바다코끼리의 똑똑함과 귀여움에 힐링이 되는데, 약 1,200종이나 되는 생물을 사육하는, 사육

종류 수가 일본 제일을 자랑하는 수족관입니다.

고자이쇼 로프웨이에서는 비와코 호수와 스즈카 산맥을 조망할 수 있습니다만, 철탑의 높이가 일본 최고로 61m이므로 산꼭대기에 도착하면 꼭 대자연의 아름다운 파노라마를 즐겨 보시기 바랍니다.

Ⓑ 미에현의 추천 관광명소 세 곳을 소개하고자 합니다.
먼저 첫 번째는 이세신궁입니다. 이세신궁은 일본 3대 신궁의 하나로 꼽히며 125개의 크고 작은 궁과 신사로 이루어져 있습니다.
특히 추천하는 것은 '청명한 이른 아침의 참배'입니다. 참배하러 가는 길에 깔린 굵은 자갈을 밟는 소리와 나무 사이로 들리는 새들의 지저귐 소리에 마음이 정화되는 느낌을 받을 수 있습니다.

두 번째는 토바 수족관입니다. 토바 수족관은 약 1,200종의 바다생물을 사육하는 곳으로 사육 종류 수가 일본 최대를 자랑하는 수족관입니다. 이곳에서 꼭 봐야 하는 것은 바다코끼리 공연입니다. 바다코끼리의 똑똑하고 귀여운 모습이 마음을 따뜻하고 편안하게 해줍니다.

세 번째는 고자이쇼 로프웨이입니다. 고자이쇼 로프웨이는 철탑 높이가 일본 최고로 61m나 됩니다. 산 정상에 오르면 꼭 대자연의 아름다운 파노라마를 즐겨 보세요. 비와코 호수와 스즈카 산맥의 멋진 경치를 조망할 수 있습니다.

자, 여러분. Ⓐ와 Ⓑ 중 어느 것이 더 이해가 잘 되나요? 거의 같은 내용이지만, 두말할 필요도 없이 Ⓑ가 훨씬 더 이해하기가 쉽죠. 그 이유는 무엇일까요? 포인트는 두 가지입니다.

하나는 <u>한 문장이 짧다</u>는 점입니다. 그래서 각 문장의 의미를 파악하기가 쉽습니다. 또한 서두에서 먼저 "추천 관광명소 세 곳을 소개하겠습니다." 하고 전체상을 전달하여 듣는 이로 하여금 앞으로 어떤 얘기가 나올지 짐작하도록 하면, 이야기에 집중하게 되고 내용을 이해하는 데도 도움이 됩니다.

반대로 Ⓐ와 같이 전체상을 전달하지 않고 말하기 시작하면 무슨 얘기가 어디까지 이어질지 알 수 없어서, 듣는 이는 '도대체 무슨 말을 하려는 걸까? 언제 끝나지?' 하고 갈피를 못 잡고 듣는 것 자체가 고역스러워집니다.

또 하나 글 Ⓑ는 <u>'사실 ⇒ 주관의 순서'로 정보를 전달하고 있다</u>는 점이지요. 예를 들어 이세신궁에 관한 내용의 경우 '일본 3대 신궁의 하나로 꼽히며 125개의 크고 작은 궁으로 이루어진 신사'라는 것은 객관적인 사실입니다.

먼저 이러한 사실을 서술한 후 '특히 추천하는 것은 청명한 이른 아침의 참배입니다. 참배하러 가는 길에 깔린 굵은 자갈을 밟는 소리와 나무 사이로 들리는 새들의 지저귐 소리에 마음이 정화되는 느낌을 받을 수 있습니다'라는 개인적 주관을 서술하고 있습니다.

　이처럼 객관적인 사실을 먼저 제시하면 뒤에 이어지는 주관적 서술에도 설득력이 생깁니다. Ⓑ와 같이 정보를 정리하여 말하는 순서를 의식하기만 해도 듣는 사람이 이해하기 쉬운 정보 발신이 가능해집니다.

　참고로 '3'이라는 숫자는 '매직 넘버'라 불리는 숫자로 인간의 기억에 남기 쉬운 숫자입니다.

　'삼세번', '작심삼일' '세 살 버릇 여든까지 간다', '서당 개 삼 년에 풍월을 읊는다', '맹모삼천지교'. '수염이 석 자라도 먹어야 양반' 등, 숫자 3이 들어가는 관용표현이 많은 것도 3이 매직 넘버인 까닭입니다.

　더구나 인간의 뇌는 한 번에 네 가지 이상을 기억하기 어렵다고 합니다. 그러므로 정보를 발신할 때는 '세 가지로 정리하는 것'을 염두에 두면 좋습니다. 그러면 듣는 사람에게도 잘 전달됩니다.

> 하나는 한 문장이 짧으면 각 문장의 의미를 파악하기가 쉽습니다. 또한 서두에서 먼저 전체상을 전달하면 듣는 이로 하여금 앞으로 어떤 얘기가 나올지 짐작하도록 하면 이야기에 집중하게 되고 내용을 이해하는 데도 도움이 됩니다.
>
> 또 하나 '사실 ⇨ 주관의 순서'로 정보를 전달합니다. 객관적인 사실을 먼저 제시하면 뒤에 이어지는 주관적 서술에도 설득력이 생깁니다. 마지막으로 인간의 뇌는 한 번에 네 가지 이상을 기억하기 어렵다고 합니다. 그러므로 정보를 발신할 때는 '세 가지로 정리하는 것'을 염두에 두면 좋습니다. 그러면 듣는 사람에게도 잘 전달됩니다.

예스를 유도하는
삼각 로직

애초에 우리는 무엇 때문에 말이나 문장을 사용해 정보를 발신하는 것일까요? 대개는 자신의 주장을 상대방에게 전달하여 공감이나 동조를 얻기 위해서겠지요. **특히 비즈니스에서는 자신의 주장을 상대방에게 이해시켜 '예스'라는 답을 얻어내는 것이 중요합니다.** 그러려면 상대방이 수긍할 수 있는 흐름으로 이야기를 진행해야 합니다.

그런데 이해하기 어려운 얘기를 하는 사람을 보면 주장하고자 하는 바와는 상관없는 내용까지 정보를 너무 많이 담고 있는 경우가 많습니다. 더군다나 듣는 사람이 수긍할만한 논리적인 설명이 없는 일도 많지요. 그렇게 해서는 공감이나 찬성을 얻기가 어렵습니다.

> 피곤한 날에는 낫토를 먹으면 좋습니다.
> 뭐 끈적끈적한 식감이 싫다는 사람도 있겠지만~. 그래도 피로 해소 효과가 있다고 하니, 낫토가 일본 식품이기는 해도 국외에서도 좋아하는 사람은 좋아하잖아요.
> 아, 그러고 보니 최근에는 간사이 지방에서도 인기를 끌기 시작했다고 하던데, 슈퍼마켓 같은 매장에서는 품절 사태가 벌어지는 일도 있다더군요.
> 그리고 다진 낫토라는 것도 있잖아요. 장시간 앉아서 컴퓨터 작업을 하느라 지치고 피곤한 날에는 낫토를 먹어 보는 것도 좋습니다.

한 가지 예를 들어 보겠습니다. 다음 문장을 봐주세요.

위 내용의 말하는 사람은 '피곤한 날에는 낫토를 먹어 보는 것도 좋다'라는 주장과 관련하여 듣는 사람의 동의을 구하고 있습니다. 하지만 듣는 사람, 즉 청자는 사실 '낫토가 피로에 좋은 이유'를 잘 모릅니다.

기껏해야 '피로 해소 효과가 있는 듯하다'라는 정도로 설명하고 있는데, 그 뒤로 불필요한 정보가 이어지다 보니 이야기를 듣고 있는 사이에 피로 해소 효과에 대해서는 잊어버리고 맙니다.

이처럼 자신이 알고 있는 정보를 머릿속에 떠오르는 대로 즉흥적으로 말하고 아무 말이나 마구 내뱉는 식으로는 상대방을 설득하여 자신의 주장에 설득 당하게 하기는 쉽지 않습니다.

그러면 듣는 사람이 당신의 주장에 동조하도록 이야기의 흐름을 만들려면 어떻게 하는 것이 좋을까요? 이럴 때는 '삼각 로직'을 활용하면 됩니다. 삼각 로직은 '로지컬 싱킹', 즉 논리적 사고에 빼놓을 수 없는 기술입니다.

- **데이터** - 주장을 뒷받침하는 사실이나 데이터
- **근거** - 일반적 사실. 원리, 원칙, 법칙
- **주장** - 말하는 이의 주장. 데이터와 근거를 통해 도출한 결론

바로 위의 세 가지로 구성된 프레임워크를 말합니다. 이 삼각 로직을 활용해 앞서 예를 든 "피곤한 날에는 낫토를 먹으면 좋다."라는 주장을 펼치고자 한다면 다음과 같이 적용할 수 있습니다.

- **데이터** - 낫토에는 비타민 B1이 풍부하다.
- **근거** - 비타민 B1에는 피로 해소 효과가 있다.

- **주장** - 피곤한 날에는 낫토를 먹으면 좋다.

이 삼각 로직을 활용해 문장을 정리하면 다음과 같이 수정할 수 있습니다.

> 낫토에는 비타민 B1이 풍부한데, 이 비타민 B1이 피로 해소에 효과적이라고 합니다. 그러므로 장시간 앉아서 컴퓨터 작업을 하느라 지치고 피곤한 날에는 낫토를 먹어 보는 것도 좋습니다.

위와 같이 말하면 "그렇구나! 그렇다면 오늘은 낫토를 먹어 봐야겠다." 하고 수긍하지 않을까요. 중요한 것은 주장을 뒷받침하는 객관적인 데이터와 근거를 섞어서 간결하게 말해야 한다는 점입니다. 이러한 점을 의식하기만 해도 이해 용이성과 더불어 설득력이 한층 높아져서 주장하는 바가 듣는 사람에게도 잘 전달됩니다.

[삼각 로직]

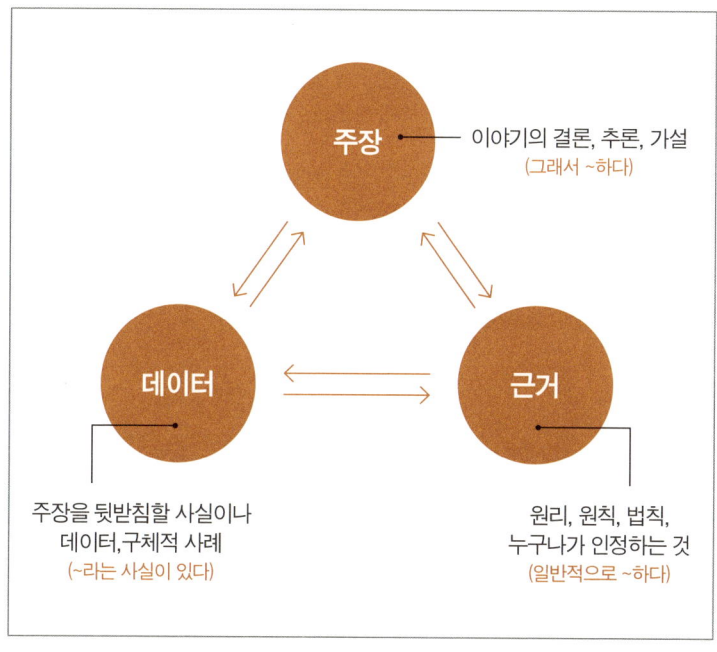

삼각 로직은 '로지컬 싱킹', 즉 논리적 사고에 빼놓을 수 없는 기술입니다.

- 데이터 - 주장을 뒷받침하는 사실이나 데이터
- 근거 - 일반적 사실. 원리, 원칙, 법칙
- 주장 - 말하는 이의 주장. 데이터와 근거를 통해 도출한 결론

바로 위의 세 가지로 구성된 프레임워크를 말합니다. 중요한 것은 주장을 뒷받침하는 객관적인 데이터와 근거를 섞어서 간결하게 말해야 한다는 점입니다. 이러한 점을 의식하기만 해도 이해 용이성과 더불어 설득력이 한층 높아져서 주장하는 바가 듣는 이에게도 잘 전달됩니다.

알기 쉬운 비유를 통해 이해를 돕는다

설득력을 한층 더 높이는 방법을 하나만 더 알려드리겠습니다. 바로 듣는 사람에게 익숙한 비주얼을 이용해 비유하는 방법입니다.

예를 하나 들자면 제가 반도체 제조사에서 투자자를 대상으로 홍보 업무를 하던 때의 일입니다. 관심을 보이는 투자자들을 모아 전국적으로 기업설명회IR=Investor Relations를 진행했었지요.

대개의 투자자가 반도체에 관한 지식을 가지고 있거나 정보를 잘 알고 있는 것은 아니었으므로, 관심을 보이는 사람들을 모아 전자기기에 들어가는 반도체에 관해서 설명하고 그 매력과 정보를 전달해야 했습니다. 그렇게 기본적인 지식과 정보를 전달하고 이해시켜 흥미를 유도한 후 투자로 이어지게끔 해야 했지요.

그런데 예를 들어 "반도체는 먼지가 거의 없는 장소, 즉 청정실에서 생산됩니다. 당사의 청정실은 클래스^{Class} 100의 청정도를 유지하고 있습니다. 클래스 100은 1세제곱센티미터㎤당 1미크론의 먼지가 한 개 존재하는 상태입니다."라고 아무리 설명해 봐야 업계 전문가가 아니면 무슨 말인지 감을 잡기가 어렵습니다. 머릿속은 온통 물음표 투성이가 되겠지요.

'세제곱센티미터'라든가 '미크론'이라든가 어디서 들어 본 적은 있어도 일상에서 체감하는 일은 없을 테니까요. 익숙하지 않은 단위이므로 어느 정도를 가리키는지 짐작도 못 합니다.

그래서 설명회를 진행할 때는 다음과 같이 바꿔 말했습니다.

"당사의 청정실은 클래스 100의 청정도를 유지하고 있습니다. 클래스 100이란 1세제곱센티미터당 1미크론의 먼지가 한 개 존재하는 상태를 말합니다. 비유하자면 돔 경기장에 머리카락이 한 올 톡 떨어져 있는 것과 같습니다."

이처럼 듣는 사람이 쉽게 연상할 수 있도록 비주얼(=돔 경기장, 머리카락 한 올)을 이용해 비유적으로 표현했더니 "우와~, 굉장하네요!"라며 쉽게 이해하시더군요. 그 후에는 모두가 흥미진진한 표정으로 관심을 기울여 설명을 듣더라고요.

참고로 어떤 정보를 귀로 듣기만 했을 때 3일 후까지 기억하는 사람은 전체의 약 10퍼센트라고 합니다. 거기에 영상이나 이미지를 더해 주면 약 65퍼센트로 상승하여 6배 정도 기억하기 쉬워진다고 하네요.

우리 뇌는 픽션과 논픽션을 구별하지 못하기에 **눈으로 직접 본 것이든 머릿속에서 그린 것이든 당사자에게는 똑같은 효과가 있습니다.** 그러므로 듣는 사람에게 익숙한 비주얼을 이용한 비유를 통해 머릿속에 강렬한 인상을 남긴다면 듣는 사람의 마음을 확실하게 붙잡을 수 있겠지요.

> 설득력을 한층 더 높이는 방법을 하나만 더 알려드리겠습니다.
> 바로 듣는 사람에게 익숙한 비주얼을 이용해 비유하는 방법입니다.
> 어떤 정보를 귀로 듣기만 했을 때
> 3일 후까지 기억하는 사람은 전체의 약 10퍼센트라고 합니다.
> 거기에 영상이나 이미지를 더해주면 약 65퍼센트로
> 상승하여 6배 정도 기억하기 쉬워진다고 하네요.

상대방의 말이나 행동에 동조하면 친밀감이 높아진다

결론적으로 이해하기 쉬운 전달법은 듣는 사람에 대한 배려가 있느냐 없느냐에 달렸다고 할 수 있습니다. 듣는 사람을 배려한 '객관성'이 바로 이해하기 쉬운 전달법을 위해 필요한 관점입니다.

이러한 객관성을 활용하여 듣는 사람의 마음을 붙잡는 방법도 있습니다. '미러링'이라는 단어를 들어 본 적이 있을 텐데요. 카페나 레스토랑 같은 곳에서 커플이나 서로 친해 보이는 여성들끼리 앉아 있는 테이블을 관찰하면 몸짓이나 표정, 몸이나 얼굴을 기울이는 각도가 비슷하다고 느끼실 겁니다.

예를 들어 한 사람이 커피잔에 입을 대면 함께 있는 다른 사람도 커피잔에 입을 대고, 한 사람이 다리를 꼬면 다른 사람도 다리를 꼬는 모습을 볼 수 있습니다.

이러한 행동은 친한 사이일수록 빈번히 이루어집니다. 친한 사람을 닮아가는 것은 사실 인간의 본능입니다. 자신이 호감을 느끼는 사람과 같은 세계에 들어가고 싶다는 심리, 즉 일체화되고자 하는 동조 행동이라고 할 수 있습니다.

이처럼 다른 사람의 말과 행동을 거울에 비춘 것처럼 똑같이 따라 하는 무의식적인 모방 행위를 가리켜 심리학에서는 '미러링 효과(동조 효과)'라고 부릅니다.

누군가와 대화할 때 이러한 미러링 효과를 활용하면 친밀감을 한층 높일 수 있습니다. 예를 들어 상대방이 말하면서 머리를 살짝 기울이면 같은 방향으로 머리를 기울여주고, 상대방의 목소리 톤이나 말하는 속도에 자신을 맞추는 식으로 말이죠. **객관적으로 보고 '같은' 행동을 굳이 하는 것입니다.**

인간은 자신과 비슷한 속도로 말하는 사람에 대해서 긍정적으로 평가하는 경향이 있습니다만, 그것도 어쩌면 미러링 효과 때문이 아닐까 싶습니다.

대화를 통해 자신과 상대방 사이의 구체적인 공통점을 찾아보는 것도 추천합니다. 일전에 한 모임에서 만난 여성과 얘기를 나누다가 같은 지방 출신이라는 사실을 알았습니다. 그러자마자 누가 먼저랄 것도 없이 절로 사투리가 튀어나오더군요. 한참을 고향 얘기로 꽃을 피웠더랬지요. 여러분도 이런 비슷한 경험이 있지 않나요?

  우리 인간은 자신과 비슷한 사람을 좋아하게 마련입니다. 비슷한 점을 발견했다면 대화 소재로 활용해 보세요. 그러면 친밀감이 상승하면서 대화가 무르익거든요.

"

다른 사람의 말과 행동을 거울에 비춘 것처럼
똑같이 따라 하는 무의식적인 모방 행위를 가리켜
심리학에서는 '미러링 효과(동조 효과)'라고 부릅니다.
누군가와 대화할 때 이러한 미러링 효과를 활용하면
친밀감을 한층 높일 수 있습니다. 예를 들어 상대방이 말하면서
머리를 살짝 기울이면 같은 방향으로 머리를 기울여주고,
상대방의 목소리 톤이나
말하는 속도에 자신을 맞추는 식으로 말이죠.

"

상대방의 의욕을 북돋는 의사소통 방법

예를 들어 회사에서 개최하는 행사 준비를 위해 분주히 움직이고 있는데 주변 사람들은 아는 건지 모르는 건지 아무도 도와줄 생각을 하지 않는다고 가정해 보겠습니다. 혼자서 하기에는 너무 힘들고 시간도 꽤 걸려서 누군가의 도움이 절실하다 싶을 때 주변 사람에게 뭐라고 말하면 좋을까요?

A. "왜 돕지를 않는 거야? 좀 도우라고."
B. "조금만 도와주면 참 고맙겠는데."

위의 두 문장을 읽어 보면 아시겠지만, 같은 내용이라도 느낌은 전혀 다릅니다. A의 경우는 비난받는 느낌이랄까 혼내는 느낌이죠. 또한 명령조로 들려서 듣기에 따라서는 불쾌할 수도 있습니다.

반면에 B는 비난받거나 혼내는 느낌이 없습니다. 그리고 명령이 아닌 부탁이라는 느낌이 들지요. 이러한 차이는 어디서 오는 걸까요?

사실 두 문장은 주어가 다릅니다. 생략된 주어를 넣어 보겠습니다.

A. "왜 너는 돕지를 않는 거야? 좀 도우라고."
B. "조금만 도와주면 내가 참 고맙겠는데."

뭔가를 부탁할 때 위의 문장 A처럼 주어를 '너(당신)'로 하면 '네가 해야 한다'라는 의미가 되어 메시지를 받는 측은 명령받는 느낌이나 비난받는 느낌이 들어 기분이 좋지 않습니다. 그러면 설령 돕는다고 해도 하기 싫은 걸 억지로 하는 게 되겠죠. 그런데 문장 B처럼 주어를 '나'로 할 때는 말하는 사람이 단순히 자신의 솔직한 심정을 말하는 것일 뿐이므로 메시지를 받는 측은 부담을 느끼지 않게 됩니다.

"○○해주면 나는 고맙겠다."
"○○해주면 나는 기쁘겠다."
"○○해주면 나는 안심할 수 있다."

위와 같이 자신의 긍정적 감정을 메시지에 담으면 상대방은 "그렇구나. 이 사람이 기뻐한다면 해주지 뭐." 하고 자발적으로 움직여 줍니다.

그러므로 누군가에게 뭔가를 부탁할 때는 주어를 '너(당신)'가 아닌 '나'로 하여 말하는 것이 좋습니다. 그렇게만 해도 저항감을 유발하지 않으면서 원하는 바를 손쉽게 전달할 수 있지요.

이처럼 말투 하나로도 '당신을 위해서라면 뭐든 다 해주고 싶다.' 하는 마음이 들게끔 상대방을 고무시킬 수 있습니다.

> 누군가에게 뭔가를 부탁할 때는
> 주어를 '너(당신)'가 아닌 '나'로 하여 말하는 것이 좋습니다.
> 그렇게만 해도 저항감을
> 유발하지 않으면서 원하는 바를 손쉽게 전달할 수 있지요.
> 이처럼 말투 하나로도 '당신을 위해서라면 뭐든 다 해주고 싶다.'
> 하는 마음이 들게끔 상대방을 고무시킬 수 있습니다.

상대방에게 부정적인 말을 할 때는
샌드위치 화법으로 부드럽게

'쓴소리한다'는 것은 그 자체로 부담스러운 일입니다. 상대방의 기분이 상할 수 있음을 알면서도 말해야 하기에 마음이 무겁지요. 하지만 상대방이 앞으로도 쭉 성장하기를 바란다면 피할 수 없는 일입니다. 귀에 거슬리는 말이라도 받아들일 수 있도록 해야죠.

이때 상대방의 마음을 상하지 않게 하면서 메시지를 전하는 방법이 바로 '샌드위치 화법'입니다.

빵 사이에 여러 가지 재료를 끼워 넣어 먹는 샌드위치처럼 상대방이 부정적으로 받아들일 여지가 있는 말을 할 때는 좋은 말 사이에 끼워 넣어 전하는 것입니다.

예를 들어 누군가가 진행한 프레젠테이션과 관련하여 피드백을 해줘야 할 때는 다음과 같이 샌드위치 화법을 이용하면 좋습니다.

【긍정적 요소】

○○ 씨의 설명은 논리적인 문장으로 구성되어 있어서 굉장히 이해하기 쉬웠습니다.

【부정적 요소】

그런데 조금만 더 눈 맞춤에 신경쓰면 훨씬 좋을 것 같네요. 사람들과 종종 눈을 마주치면서 설명한다면 전달하고자 애쓰는 그 마음이 상대방에게 고스란히 전해지게 마련이거든요.

【긍정적 요소】

그래도 발표 내용이 논리정연해서 쉽게 이해할 수 있었다는 점은 칭찬할 만합니다.

위와 같이 긍정(칭찬)-부정(비판)-긍정(칭찬)의 말로 조언한다면, 상대방도 기분 좋게 받아들입니다.

기업 연수프로그램을 진행할 때 피드백 주고받기를 시켜 보면 샌드위치 화법을 모르는 사람들은 대체로 서로 지적만 하다가 끝나더군요. 부족한 점, 좋지 않은 부분만 말하게 되면 지적당한 사람은 풀이 죽거나 화가 치밀어 어쩔 줄 모르는 등 부정적인 감정에 빠지기 쉽습니다. 그 결과 조언이든 지적이든 순순히 받아들이지 못하게 됩니다.

또한 마음을 한번 닫아버리면 나중에 긍정적인 말로 마음의 문을 두드려도 좀처럼 열리지 않습니다.

사람은 보통 인정받거나 칭찬을 받으면 기분이 좋아서 더 잘하려고 합니다. 샌드위치 화법을 이용해 긍정으로 시작하면 상대방의 마음도 당연히 열리겠죠. 자신이 인정받았다는 기쁜 마음에 마음의 문이 일단 열리면 부정적인 말을 해도 쉽게 받아들입니다.

참고로 커뮤니케이션 중 기억에 가장 오래 남는 부분에 관한 연구가 있습니다. 결과에 따르면 '도입 부분이 가장 기억에 오래 남는다'고 합니다. 자신의 얘기를 상대방이 기분 좋게 받아들일 수 있도록 하기 위해서라도 이 샌드위치 화법을 꼭 기억하시길 바랍니다.

> 상대방의 마음을 상하지 않게 하면서 메시지를 전하는
> 방법이 바로 '샌드위치 화법'입니다.
> 빵 사이에 여러 가지 재료를 끼워 넣어 먹는 샌드위치처럼
> 상대방이 부정적으로 받아들일 여지가 있는 말을 할 때는
> 좋은 말 사이에 끼워 넣어 전하는 것입니다.
> 자신이 인정받았다는 기쁜 마음에 마음의 문이 일단 열리면
> 부정적인 말을 해도 쉽게 받아들입니다.

연습 없이는 성과도 없다

이 책의 처음부터 마지막까지 감동 보이스를 찾기 위한 발성 훈련법 및 화법 등에 대해서 알아봤습니다. 이제 여러분도 상대방의 마음을 움직이는 목소리를 내기 위해서는 어떻게 해야 하는지, 개인적으로든 업무적으로든 상대방에게 좋은 인상을 심어주고 호감을 사기 위해서는 어떻게 해야 하는지를 충분히 이해하셨을 것으로 생각합니다.

마지막으로 독자 여러분께 당부드립니다. 이제 책을 통해 배운 내용을 실천할 일만 남았으니 절대 나중으로 미루지 마시고 지금 당장 시작해 보세요. 이 책을 읽어 나가는 도중에 하나라도 따라 해보신 분이 있다면 아시겠지만, 등을 곧게 펴고 서 있기만 해도 기분이 산뜻해지고, 심호흡하면서 내쉬는 숨에 소리를 싣기만 해도 목소리의 울림이 달라짐을 느낄 수 있을 겁니다. 목소리도 노력 여하에 따라 얼마든지 바꿀 수 있음을 체감하는 것이 무엇보다 중요합니다. '나에게는 나만의 매력적인 목소리가 있다'를 몸소 느낀다면 스스로에 대해 자신감을 가질 수 있게 되어 삶이 즐거워지니까요.

제3장에서 소개한 기본 훈련 및 목소리 고민에 따른 발성 훈련 등은 효과를 바로 느낄 수 있으므로 아직 따라 해보지 못했다면 당장 시도해 보세요. 여러 차례 반복하여 익숙해지면 유사시에 유용하게 사용할 수 있으므로 가장 관심 가는 부분만이라도 먼저 꼭 연습해 보시기 바랍니다. 따라해 봤으나 딱히 달라진 게 없다고 느끼시는 분은 영상을 보면서 다시 해보시기를 권합니다.

조금이라도 차이가 느껴졌다면 그것이 확실하게 자리 잡힐 때까지 주기적으로 연습하세요. 한번 자리 잡히면 그 뒤에는 감동 보이스를 기본으로 한 발성법을 의식적으로 구사할 수 있게 됩니다. 변화 자체는 당장이라도 체감할 수 있지만, 그것을 확실하게 자기 것으로 만들려면 반복적인 연습만이 살길입니다. 연습 없이는 성과도 없습니다. 꾸준한 연습이 여러분 자신의 내일을 밝게 그리고 크게 바꿔 줄 것입니다.

> 등을 곧게 펴고 서 있기만 해도 기분이 산뜻해지고,
> 심호흡하면서 내쉬는 숨에 소리를 싣기만 해도
> 목소리의 울림이 달라짐을 느낄 수 있을 겁니다.
> 목소리도 노력 여하에 따라 얼마든지 바꿀 수 있음을
> 체감하는 것이 무엇보다 중요합니다.
> '나에게는 나만의 매력적인 목소리가 있다'를 몸소 느낀다면
> 스스로에 대해 자신감을 가질 수 있게 되어 삶이 즐거워지니까요.

나가는 글

나이와 상관 없이 목소리는 극적으로 바꿀 수 있습니다

끝까지 읽어 주셔서 대단히 감사합니다. 독자 여러분이 이 책을 통해 자신의 진짜 목소리를 되찾고 인생을 바꾸신다면 더할 나위 없이 기쁠 것입니다. 지금의 제가 강연 활동을 하고 이렇게 책을 쓴다는 것은 예전의 저라면 정말 상상도 못 할 일입니다. 과거에는 내향적인 성격에 목소리도 작아서 원활한 커뮤니케이션이 어려울 정도였거든요. 가끔 제가 이런 말씀을 드리면 거의 100퍼센트 못 믿겠다는 반응을 보입니다. 이런 저를 통해 '사람은 얼마든지 달라질 수 있다'고 믿어보세요.

'내 목소리를 바꾸는 건 불가능해.', '나에게는 무리야.'

이와 같은 생각은 자기 자신이 그렇게 정해 버린 것일 뿐 사실은 그렇지 않습니다. 변화를 위해 배우고 지식을 쌓으며 실천한다면 목소리와 말투는 물론이고 나아가 인생까지 바꿀 수 있습니다.

하지만 여전히 목소리는 타고나는 거라서 바뀔 리가 없다며 포기하는 이들도 많습니다. 절대 그렇지 않은데 말이죠. 목소리는 몇 살이 되었든 극적으로 바꿀 수 있답니다. 세상에 둘도 없는 자신만의 매력 넘치는 진짜 목소리! 그 진짜 목소리를 발견하게 되면 말투마저 달라져서 자신감 스위치가 커집니다. 그러면 자존감이 커질 뿐 아니라 주변 사람으로부터 신뢰를 얻고 일에서든 인간관계에서든 좋은 인연을 만나게 되지요.

자존감과 목소리, 그리고 말투는 밀접한 관련이 있습니다. 목소리와 말투가 달라지면 자신을 인정할 줄 알고 자기답게 표현할 수 있죠. 저는 자기 인생에 대한 책임을 다하고 다른 이들과 소통하며 행복하게 사는 사람이 많아졌으면 합니다. 이것이 바로 지금 제가 이러한 활동을 하는 이유이기도 합니다.

이렇게 멋진 경험을 할 수 있게 많은 도움을 주신 동료 여러분과 가족에게 감사의 말씀을 전합니다. 결코 저 혼자만의 힘이 아니었음을 잘 알고 있으며, 주변 분들의 지지와 응원이 있었기에 이렇게 책을 쓸 수 있었습니다. 또한 제가 운영하는 세미나 강좌에 참여해 주신 수강자분들의 변화와 성공이 있었기에 이 책에 구체적인 사례로 소개할 수 있었습니다.

다시 한번 강조하지만 '목소리는 자가발전이 가능한 에너지이자, 몸과 마음, 인생마저 바꾸는 힘'을 가지고 있습니다.

언젠가 여러분의 목소리를 듣게 될 날이 오기를 기대해 봅니다. 아울러 여러분 모두가 자신의 진짜 목소리를 되찾아 자기답게 행복한 삶을 누리시길 바랍니다. 마지막으로 이처럼 귀중한 기회를 주신 출판사 관계자 여러분께 진심으로 감사드립니다.

감동 보이스 협회 대표이사

무라마츠 유미코

"목소리는 생명과 공명한다.
그렇기에 목소리는 다른 사람의 생명을 감응시킬 수 있다."

- 이케다 다이사쿠 -

진짜 메시지는 외모가 아니라 목소리에서 나온다
목소리의 힘

1판 1쇄 펴낸날 2025년 8월 22일

지은이 무라마츠 유미코
옮긴이 고정아
펴낸이 나성원
펴낸곳 나비의활주로

책임편집 유지은
디자인 BIG WAVE

전화 070-7643-7272
팩스 02-6499-0595
전자우편 butterflyrun@naver.com
출판등록 제2010-000138호
상표등록 제40-1362154호
ISBN 979-11-93110-73-7 03320

※ 이 책은 저작권법에 따라 보호받는 저작물이므로 무단 전재와 무단 복제를 금지하며,
   이 책의 내용을 전부 또는 일부를 이용하려면 반드시 저작권자와
   도서출판 나비의활주로의 서면 동의를 받아야 합니다.
※ 잘못된 책은 바꿔 드립니다.
※ 책값은 뒤표지에 있습니다.